Wilhelm Rath

Der Gottesfreund vom Oberland

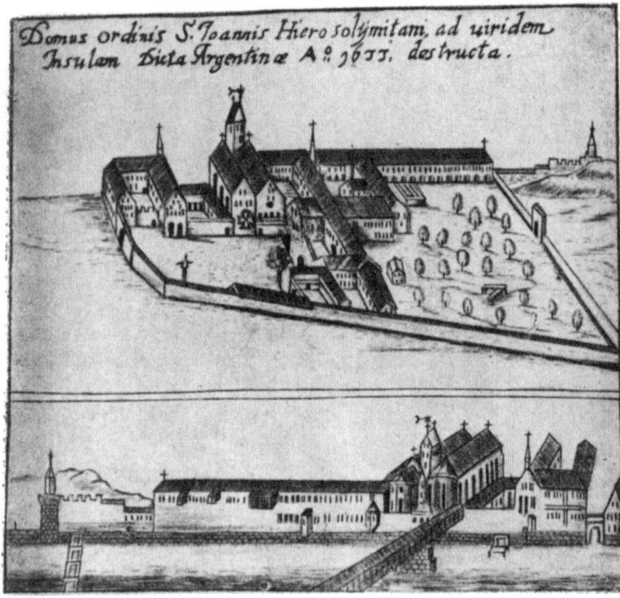

Das Haus «Zum Grünen Wörth» in Straßburg

Wilhelm Rath

Der Gottesfreund vom Oberland

Sein Leben, geschildert auf Grundlage
der Urkundenbücher des Johanniter-Hauses
Zum Grünen Wörth in Straßburg

*Mit einem Nachwort
von Jörg Ewertowski*

Verlag Freies Geistesleben

Die erste Ausgabe dieses Buches erschien 1930 bei der Edition Heitz in Straßburg. Es folgte eine broschierte Ausgabe im Verlag Freies Geistesleben im Jahr 1955, eine gebundene 3. Auflage im Jahr 1962 und eine 4. Auflage als kartonierte Ausgabe im Jahr 1985.

Neuausgabe

5., um ein Nachwort von Jörg Ewertowski erweiterte Auflage.

1. Auflage dieser Ausgabe 2015

Verlag Freies Geistesleben
Landhausstraße 82, 70190 Stuttgart
Internet: www.geistesleben.com

ISBN 978-3-7725-2740-1

Umschlaggestaltung: Thomas Neuerer
Druck: GGP Media GmbH, Pößneck
Printed in Germany

Inhalt

Anhang

*

Es leuchten gleich Sternen
Am Himmel des ewigen Seins
Die gottgesandten Geister.
Gelingen mög es allen Menschenseelen
Im Reiche des Erdenseins
Zu schauen ihrer Flammen Licht.

Rudolf Steiner

Geleitwort zur 2. Auflage

Es ist nunmehr ein Vierteljahrhundert, dass die Gestalt des Gottesfreundes vom Oberland durch das vorliegende Büchlein in einer breiteren Weise zu wirken begann. Viele Menschen haben sie als Stimmung in ihr Leben aufgenommen; sie ist ihr ständiger unsichtbarer Begleiter geworden. Und seitdem das Büchlein vergriffen ist, ist das Fragen danach nicht verstummt.

1930, im ersten Jahre des Erscheinens, begann der Weg Mitteleuropas immer rascher einem Abgrund zuzugehen. Einsichtige Menschen wussten: das hängt damit zusammen, dass die ungeheure Zäsur des ersten Weltkrieges nicht beachtet wurde, welche darauf hinwies, dass die Menschheit keine soziale Bildekraft mehr gewinnen kann aus demjenigen, was bis dahin ihre Ordnungen getragen hatte, sondern dass sie aufgefordert war, aus den Tiefen jeder einzelnen Menschenseele quellkräftig neue gemeinschaftsbildende Substanz zu erschließen. Das Versäumnis, ihnen gezeigte neue Wege wirklich zu beschreiten, führte die Völker Mitteleuropas in die zweite, noch größere Katastrophe.

Seit dem Verstummen der höllischen Detonationen, seit dem Erlöschen der alles versehrenden Brände des zweiten Weltkrieges dämmert überall das Empfinden herauf: soziales Leben in der engeren Gemeinschaft der Familie, in der weiteren der Arbeitsgenossen, in der umfassenderen des Volkes und in der alle umschließenden Menschheit ist nicht mehr möglich, ohne dass der Mensch, an dem in den Kindheitsjahren die Erzieher bilden, das Bilden seiner selbst in eigener Aktivität fortsetzt.

Bildung zum Menschen, das große innere Thema unserer Zeit, setzt ein ernstes, nie ermüdendes Arbeiten an sich selber voraus. Diese Ahnung der Besten unserer Tage führt sie dazu, Fäden wieder aufzunehmen, welche in unserem Volksleben seit langem abgerissen sind. Man entdeckt zum Beispiel die Gestalt des Mönches, welcher einstmals – solcherart die ganze Kultur des Abendlandes wesentlich bestimmend und tragend – geradezu als *das* Bild des sich «züchtenden», eine «Bildung» anstrebenden Menschen vor den übrigen Zeitgenossen stand.

Heute aber geht es nicht mehr um Aussonderung in einer klösterlichen Gemeinde, sondern um die Möglichkeit, in der öffentlich sich darlebenden und wirkenden Gemeinschaft – etwa des wirtschaftlichen Betriebes – wirklich ganz Mensch werden zu können und in diesem Selber-Mensch-werden einen Beitrag zur Gemeinschaft zu geben.

Im Übergange von jenen alten Zeiten, in denen das Menschwerden ein Sichzurückziehen forderte vom Getriebe der Welt, zu jenen immer mächtiger heraufkommenden, in denen der Ruf «Bildung zum Menschen» erneut und nunmehr allgemein ertönt, steht der *Gottesfreund*, der unbekannte Laie aus dem Oberland, von dem dieses Büchlein spricht. Er ist einer der großen «Weiser» der Menschheit, welche nicht Stillstand, der immer Rückschritt ist, sondern Entwicklung, mutiges, immer geistesgegenwärtiger werdendes Voranschreiten wollen. Als ein solcher Wegweisender möchte er mit dieser Neuauflage des Buches in die moderne Welt treten. Denn Rudolf Steiners Frage *Wie erlangt man Erkenntnisse der höheren Welten?*, sie ertönt in unseren Tagen in jedem Herzen, das nicht resigniert hat auf eine Entwicklung zum Menschen, in der Sehnsucht, ein «Lebendiger im Geiste» zu werden, wie es Johannes Tauler, dem Dominikaner, in der Schule des «Laien» zu werden beschieden war.

Heute gibt es eine der Gegenwart und der Zukunft entsprechende geistige Schulung durch Rudolf Steiner. Man kann, wenn man das Büchlein vom *Gottesfreund* liest, sagen: das darin Gesagte ist zwar einer früheren geschichtlichen Stufe entsprechend, aber es ist dennoch geistig verwandt dem, was in dem Buche *Wie erlangt man Erkenntnisse der höheren Welten?* geschildert ist. Das Büchlein vom *Gottesfreund vom Oberland* gehört in diesen geistigen Umkreis; es wird den auf jene neue Weise Strebenden innerlich unterstützen und ihm helfen in der Erfüllung der Forderung, welche der «Laie» an den «Meister» stellte:

«Ihr selber sollt Euer eigener Zuchtmeister sein.»

Und er wird auch als moderner Mensch erfahren, was sich im Zusammenfinden der *Gottesfreunde* schon einmal in der Geschichte vollzog: Der Pfad zum Geiste ist der

Pfad zum Menschwerden und als solcher auch der Pfad zu einer neuen menschlichen Gemeinschaft. Wo im Leben er auch stehe.

Fritz Götte

Einführung

Als um die Mitte des 19. Jahrhunderts in Urkundenbüchern des einstigen Johanniterhauses *Zum Grünen Wörth* in Straßburg die Schriften des Gottesfreundes vom Oberland gefunden und bald hernach durch Herausgabe[1] allgemein bekannt geworden waren, stand die wissenschaftliche Welt, die sich mit diesen Dokumenten befasste, vor einer Fülle von Rätseln.

Man kannte zwar schon seit langem die *Historie* oder *Des Meisters Buch*, in welchem erzählt wird, wie – es war im Jahre 1346 – ein Mann aus dem Oberland zu einem Meister der Heiligen Schrift kam, der in Straßburg ein weithin berühmter Prediger war – und wie der schlichte Mann des Volkes dem Meister ein Lehrer wurde und ihm Wege wies zu einem erkennenden Erleben der göttlichen Welt. Seit dem Beginn des 16. Jahrhunderts war diese *Historie* immer wieder den Ausgaben der Predigten Taulers beigefügt worden. Für denjenigen, der diese Historie zuerst mit den Predigten des großen Mystikers verbunden hatte, gab es keine Frage, dass sich dies alles wirklich so zugetragen hatte und dass es sich bei dem Meister der Heiligen Schrift um Tauler selber handelte.

1 Über die Dokumente und die in Frage kommenden Ausgaben siehe den Anhang.

Wer aber war der Unbekannte, der mit keinem Namen benannt war, den die Historie nennt den «lieben Gottesfreund vom Oberland»? Es war kein Mann der Kirche, ein einfacher Laie, der in der Seele des Meisters das Licht einer höheren, übersinnlichen Welt entzündete. War er auch an Jahren jünger als der Meister, so trug er doch in sich die Seele, die gereift ist wie die eines Menschen, der zu hohem Alter kam und viel im Leben durchlitten hat. Von Milde und Herzensinnigkeit ist seine Rede erfüllt und zugleich von großer Weite und geistigem Mut. Auch wo seine Worte streng sind, offenbaren sie unendliche Liebe zu den Menschen. Weisheit und Liebe scheinen in seiner Seele gepaart und jede ihrer Äußerungen trägt einen Schimmer eines geistigen Lichtes. So konnte immer vom unbefangenen Gemüt jener Namenlose aus dem Oberland erlebt werden. Der Schleier des Geheimnisses war über ihn gebreitet und durch ihn war auch mit dem Leben des großen Predigers von der mystischen Hochzeit ein Mysterium verknüpft.

Wie groß war plötzlich die Freude und die Hoffnung, zu einer Lösung des Rätsels zu kommen, als der forschende Geist des 19. Jahrhunderts, der in alle Winkel drang, um die Dokumente des Mittelalters aus dem Staub der Jahrhunderte hervorzuholen, alte handgeschriebene Bücher entdeckte, in welchen viele Schriften und Briefe jenes Namenlosen aus dem Oberlande enthalten waren! Vieles Intime berichteten sie aus seinem Leben, sogar seine eigene Handschrift sah man vor sich. Aber die Rätselfrage wurde nur größer. Denn im wesentlichen sprachen die Aufzeichnungen in einer bildhaften Sprache von Erlebnissen, die gefunden werden, wenn die Seele aufsteigt zu höheren Welten. Sie sprachen zwar auch deutlich von einer historischen Persönlichkeit, die auch verbunden war mit historischen Orten, die viele Reisen gemacht hat und auch ein hohes Alter erreichte – aber einen Namen nannten auch diese Schriften nicht.[2]

Ja, es stellten diese Schriften eine Frage an die Forscher des 19. Jahrhunderts. Diese Frage lautete etwa so: «Könnt Ihr eingehen auf das Wesentliche dieser Schriften? Dass sie dem Menschen Kunde geben wollen von der Wirklichkeit übersinnlicher Welten – von einer Geistesgeschichte der Menschheit, die unsichtbar ihren Verlauf hat hinter der äußeren Geschichte?

Oder sucht Ihr mit äußerer Forschung den Namen, den Ort, und glaubt, damit Wesentliches getan zu haben, dass Ihr eine historische Tatsache mehr zu den schon bekannten hinzugefügt habt?»

Es war eine Entscheidungsfrage an die Geschichtsforscher nach dem Sinn der modernen historischen Forschungsmethode. Nach welcher Richtung man sich entschieden hatte, trat bald zutage, ja, es zeigte sich, dass man die Frage gar nicht vernommen hatte. Das ist das Tragische des 19. Jahrhunderts, dass es fasziniert war von der

2 Die Gründe dieser Namenlosigkeit werden in den folgenden Kapiteln behandelt werden.

materialistischen Naturwissenschaft und alles Reden vom Geist nur als Phantastik empfand. Hatte man doch auch vergessen, dass Goethe noch im Anfang des Jahrhunderts darum gerungen hatte, den Menschen die Möglichkeit zum Verstehen spiritueller Tatsachen zu bringen.

Als nun die Schriften des Gottesfreundes da waren, vermochte man nicht auf ihren eigentlichen Inhalt, auf das, was dem Verfasser das Wesentliche war, einzugehen. Man vermochte seine Bilderschrift nicht zu deuten. Man verstand nicht, wovon sie redete – so war der erste Schritt auf dem Weg, den man einschlug, dass man den Verfasser, wenn man auch noch an seine reinen Absichten glaubte, für einen Schwärmer ansah.

Hatte man auch anfangs vorschnell geglaubt, eine historische Persönlichkeit gefunden zu haben, mit welcher der Verfasser der Schriften identisch sein sollte, und ihm aus Willkür versucht, einen Namen[3] zu gehen – so kam man auch davon bald ab und begann zu zweifeln, ob er überhaupt existiert habe. Dem schienen zwar die zahlreichen Dokumente zu widersprechen – aber warum sollte nicht alles eine Dichtung sein, die ein anderer ersonnen? Es war ja die Zeit, als in der Wissenschaft auch die Zweifel laut wurden, ob die Evangelien auf Wahrheit beruhten – ob nicht in ihnen nur ein Mythos sich darbiete.

Man griff zu den Methoden der philologischen For-

3 Siehe Karl Schmidt: *Nikolaus von Basel, Leben und Schriften*, Wien 1866.

schung, prüfte die Handschriften, verglich die Wort- und Redewendungen – der Inhalt der Worte war längst abgetan – und es gelang, den Zweifel glaubhaft zu machen. Zwar ging es nidıt ohne Kampf, bis in der Wissensdıaft die Meinung durchdrang, dass ein anderer der «Dichter» sei und der «Verfasser» gar nie gelebt habe. Bücher[4] wurden um diese Frage geschrieben.

Nun ging es schnell auf dem beschrittenen Wege weiter. Ein neuer Kampf entbrannte um die Frage, aus welchen Motiven eine solche Dichtung entstanden sei. War es berechnender Betrug oder krankhafte Veranlagung des «Dichters»? Bücher[5] wurden auch darüber geschrieben.

Aber auch dabei sollte es nicht bleiben. Auch der neue Verfasser der Schriften, den man gefunden zu haben glaubte, wurde in Frage gestellt: Ein Dritter hat alles erfunden. Auch darüber erschien ein umfangreiches Buch.[6]

Ein einziger allein musste diese Wege für unfruchtbar halten. Als Rudolf Steiner über die Mystik im Aufgange des neuzeitlichen Geisteslebens schrieb[7] und in dem Kapitel über die «Gottesfreundschaft» genötigt war, auch diese Frage der Existenz des «Gottesfreundes vom

4 H. S. Denifle, siehe den Anhang.

5 Jundt über Rulman Merswin; Preger, siehe den Anhang.

6 Karl Rieder: *Der Gottesfreund vom Oberland. Eine Erfindung des Straßburger Johanniterbruders Nikolaus von Löwen.* Innsbruck 1905.

7 Rudolf Steiner: *Die Mystik im Aufgange des neuzeitlichen Geisteslebens und ihr Verhältnis zur modernen Weltanschauung,* Berlin 1901, 2. Auflage Stuttgart 1924.

Oberland» zu berühren, war dieses seine Stellungnahme zur Anwendung solcher Methoden: «Ein wissenschaftlicher Streit, der sich an die Angelegenheit geknüpft hat, ist für das Wesen der Sache nicht von der allergeringsten Bedeutung ... Mir obliegt es hier nicht, mit aufdringlicher Forschung ein menschliches Verhältnis zu beleuchten, von dem derjenige, welcher die in Betracht kommenden Schriften zu lesen versteht, ganz gut weiß, dass es Geheimnis bleiben soll.»

Der erste Herausgeber der Schriften des Gottesfreundes (Karl Schmidt) war noch Menschen der wissenschaftlichen Welt begegnet, die sie mit Verständnis zu lesen vermochten. Er schreibt:

«Gelehrte Männer, denen ich die höchste Achtung zolle, haben nun freilich auch behauptet, die Visionen und Wunder der Gottesfreunde seien tatsächlich Realitäten. Die einen schreiben sie dämonischen Einflüssen zu, andere einem Verkehr mit der über die gewöhnliche Sinnenwelt erhabenen geheimnisvollen Lichtregion, deren Erscheinungen in großen bedeutsamen Momenten gleich leuchtenden Funken ins Leben hereinbrechen.»[8] Aber er fügt hinzu: «Ich muss gestehen, dass ich mich mit keiner dieser Ansichten befreunden kann.»

Wer diese gelehrten Männer waren, hat uns Karl Schmidt nicht überliefert. Doch waren es Gelehrte, die den Geist als Realität erlebten. Solche «Realisten des

8 Schmidt: *Nikolaus von Basel*, S. 56.

Geistes», die in einer Weltauffassung wurzelten, wie sie durch Goethe, Schelling vertreten war, hat es über die Mitte des 19. Jahrhunderts hinaus nur wenige noch gegeben. Sie durften es nicht mehr wagen, ihre Ansicht öffentlich auszusprechen.

An diese im deutschen Geistesleben tief begründete Geistesart hat Rudolf Steiner wiederum angeknüpft, als er die schwere Aufgabe übernahm, der Menschheit ein neues Verständnis für die geistigen Wirklichkeiten zu bringen. Er zeigte die Wege, die zum Erleben dieser geistigen Wirklichkeiten führen – und er brachte zugleich dem modernen Denken die Möglichkeit, die geistigen Welten zu begreifen. Er zeigte, wie der denkende Mensch seine Begriffe erweitern kann, so dass er zu verstehen vermag, was der im Geiste Erlebende erschaut.[9]

In früheren Zeiten verständigten sich die Menschen über geistig Erschautes durch Bilder und es «verstand» der Mensch unmittelbar das Bild, das ihn auf die Realität hinwies. So enthalten die alten Überlieferungen eine Bilderschrift – die aber dem heutigen Menschen unverständlich geworden ist. Denn er verlangt Gedanken, nicht Bilder. Aber der Gedanke hatte sich mehr und mehr angeklammert an das «Sichtbare», an die den Sinnen offenbare Welt. Indem Rudolf Steiner die «Geistesforschung» – unter voller Würdigung der Bedeutung des

9 Rudolf Steiner: *Wie erlangt man Erkenntnisse der höheren Welten?* und siehe den Hinweis auf die im folgenden Text berührten Werke Rudolf Steiners im Anhang.

exakten Wahrnehmens im Bereich der Sinneswirklichkeit – begründete, befreite er den Gedanken vom Haften am Irdischen, und ließ ihn sichere Wege gehen zum Erfassen der übersinnlichen Wirklichkeiten. Diese neue Fähigkeit des Gedankens aber bringt erst die Möglichkeit, die alten Bilder neu zu verstehen und eine neue Methode eröffnet sich, solche Dokumente zu behandeln, wie sie vom Gottesfreund aus dem Oberland erhalten geblieben sind.

Von demjenigen aber soll in diesem Büchlein die Rede sein, was die Briefe und Schriften des Gottesfreundes, als ihr «offenbares Geheimnis» im Sinne Goethes, anvertrauen dem, der sie liest, indem ihm helfend zur Seite steht Anthroposophie.

Der Leser wird so erkennen können, dass es sich in diesen Dokumenten um «Einweihungsschriften» handelt, die in diesem Falle das besondere Merkmal tragen, dass sie in einem unmittelbar zum Herzen sprechenden, volkstümlichen Stile gehalten sind, und er wird weiterhin die Gewissheit erhalten, dass es sich bei dem Verfasser dieser Schriften um eine reale Persönlichkeit handelt, die zu dem Kreise der großen Eingeweihten zu rechnen ist, die, wenn auch nicht in das äußere Licht der «Weltgeschichte» tretend, dennoch den eigentlichen Hintergrund des Geschehens in den einzelnen Jahrhunderten bilden.

Das 14. Jahrhundert – die Schwelle der Neuzeit

Das Leben des Gottesfreundes vom Oberland ist innig verflochten mit den Ereignissen des 14. Jahrhunderts.

Anders ist dieses Jahrhundert als die vorhergehenden! Der gewaltige Aufbruch, den der abendländischen Menschheit die Kreuzzüge brachten, hatte hervorgezaubert die Blüte der mittelalterlichen Kultur. Unendliche Glaubenskraft und Innigkeit des Gemütes – verbunden mit der Sternenklarheit menschlicher Intelligenz – verliehen dieser Blüte ihre Farbenschönheit. Geistige Regungen, welche die Herzen durchströmten, hatten gewaltige Vereinigungen der Menschen hervorgebracht. Ein dem heutigen Menschen fremdes Vertrauen auf göttliche Führung waltete in diesen großen Vereinen. Sie bildeten den Mutterboden der wunderbaren Kultur.

Geistige Impulse hatten das Rittertum ergriffen. In den Orden der Tempelritter, der Johanniter, der Deutschherren war es aufgerufen zu schöpferischer Tätigkeit im Dienste Christi.

Die schönste Neugeburt platonischer Weisheit ging hervor aus dem Orden der Zisterzienser in der Schule von Chartres. – Aristoteles wurde der Menschheit neu geschenkt aus dem Schoße des Dominikanerordens. In diesem tüchtigen Orden lebte zusammen mit Albertus

Magnus Thomas von Aquino, der größte Geist des Mittelalters. Wie in einer reifen Frucht das ganze Wesen der Pflanze zusammengefasst erscheint, so umfasste sein Denken das gesamte Geistesleben des Mittelalters. – Eingehüllt in das Gewand der Poesie erschien es in Dantes *Göttlicher Komödie.* – Fand seinen Niederschlag im lebendig gewordenen Stein der gotischen Dome, in deren himmelaufstrebenden Pfeilern und deren fein verästeltem Gitterwerk sich seinen Ausdruck schuf sehnsuchtsgetragener Glaube, der sich verbunden hatte mit fein durchbildeter Intelligenz.

Nie war der Kirche, dieser mächtigen Institution des Mittelalters, bedeutenderer Inhalt dargeboten worden als durch die Gaben der von Frömmigkeit und Schaffensfreude erfüllten Orden.

Als das 13. Jahrhundert zu Ende ging, war ein unendlicher Reichtum an geistigen Gütern über die Menschheit ausgegossen – aber es war wie das Licht der Abendsonne, das die Erde übergoldet.

Und als das 14. Jahrhundert begann, zog eine drohende Finsternis herauf. Es war nicht nur die Dunkelheit der Nacht, es war wie eine schwere Gewitterwolke, die sich über die Menschheit lagerte. Und bald sollte sich dieses gewaltigste Gewitter, das je über die Menschheitsentwicklung hereinbrach, entladen.

Ein Beben ging durch Erde und Menschheit. Alles, was gesicherten Bestand zu haben schien, wurde in den Grundfesten erschüttert.

Hatte die Kirche nicht verstanden, den ihr anvertrauten geistigen Reichtum zu schützen und förderlich zu gestalten? An die Stelle geistiger Führerschaft, die gegründet war im Vertrauen auf göttliche Führung, trat die Machtbestrebung politischer Berechnung.

Philipp IV. von Frankreich hatte die Päpste zu seinem gefügigen Werkzeug gemacht. Seit dem Jahre 1309 saß das Oberhaupt der Kirche in jenem verführerischen Gefängnis in Avignon, in Abhängigkeit von einem Staatsprinzip. Der Papst, der nur über sich haben sollte die Gottheit, hatte über sich den französischen König. So wurde dem König die Kirche zu dem großartigen Werkzeug, mit welchem er den reichsten Orden, den Orden der Templer, zu vernichten vermochte. Diese fromme Gemeinschaft hatte sich das große Ziel gesteckt, eine von der Kraft des Christus durchdrungene soziale Ordnung zu schaffen. Aller Reichtum, alles Gold sollten dienen dem großen Ideal. Jetzt dienten die Schätze der Begierde nach Macht.

Wie ein Strafgericht Gottes erschien den Menschen der «Schwarze Tod», der durch die Lande ging und mehr als die Hälfte der Menschheit dahinraffte. Es war die Pest, vor der die Menschen flohen und die doch unerbittlich ihren Zug durch ganz Europa nahm.

Erdbeben ließen den Grund der Erde erzittern. Manches Münster und die Burgen auf den Höhen sanken in sich zusammen.

Auch im sozialen Gefüge wankten die Stützen. Unbewohnbar, zerfallen lagen die Burgen. Es musste der Adel hinunter zu den Bürgern in die Städte ziehen. Dort nahm aufstrebendes Bürgertum die Führung in die Hand. Aber das Chaos herrschte auch dort. Man mordete die Juden. Sie sollten die Brunnen vergiftet, die Pest in das Land gebracht haben.

Die schwersten Erschütterungen aber erlebten die Menschen im Innern ihrer Seelen. Das Vertrauen zur alten, geheiligten Tradition war im Schwinden. Zweifelsmächte hielten ihren Einzug.

Und als das Ende des Jahrhunderts die große abendländische Kirchenspaltung gebracht hatte, da schien es, als ob die Mächte des Zweifels sich ihre Offenbarung geschaffen hätten in jenen zwei Päpsten, von denen der eine den anderen nannte: den Antichrist.

Durch Schicksalsgewalt wurden die Seelen der Menschen auf sich selbst verwiesen. Aber die Seelen waren intelligent geworden.

Thomas von Aquino hatte die hohe Schulung der Intelligenz gebracht. Diese Intelligenz wusste sich ganz im Dienste der göttlichen Welt. Sie war gebildet worden im Hinschauen auf die heiligen Schriften alter Offenbarung, sie hatte sich betätigt im Ausgestalten der fein gegliederten Architektur heiliger Gebäude.

Jetzt wandte sich dieselbe Intelligenz dem äußeren Leben zu.

Naturwissenschaft war zwar noch nicht geboren, aber die «Kehrtwendung» des menschlichen Denkens, aus der das neue Geistesleben, das Zeitalter der Naturwissenschaft erstehen sollte, vollzog sich unaufhaltsam in den Seelen. Und mit Sorge schauten die Tieferblickenden, wie die Menschheit im Vergessen war ihres göttlichen Ursprunges.

Als dann das 15. und 16. Jahrhundert die Entdeckungen des Kopernikus, des Galilei brachten, da war die Erde neu geworden.

In sich selber, im eigenen Innern, musste seit diesem Untergang der alten Glaubenswelt das Menschen-Ich neue Stützen suchen. Das alte Buch der Offenbarung war zugeschlagen. Das «Buch der Natur» lag offen vor dem nach schwerer Nacht erwachenden Menschenauge.

So ist das 14. Jahrhundert eine Weltenwende, eine der größten in der Menschheitsgeschichte. In seine tragisch-erschütternde Dramatik sehen wir hineingestellt das Leben des Gottesfreundes vom Oberland.

Was uns von ihm aus den alten Urkunden überliefert ist, seine Sorge um den Fortgang der Menschheitsentwicklung, sein helfendes Tun, das, so bedeutend es war, doch verborgen blieb vor der Welt – und auch warum es Geheimnis bleiben sollte – all das wird man erst ganz verstehen, wenn man es sehen kann auf dem Hintergrund der Geschehnisse seiner Zeit.

Die Historie – Des Meisters Buch

«In Gottes Namen. Amen.»

So beginnt «des Meisters Buch».

Es erzählt uns:

Es war im Jahre 1346, dass ein «Meister der Heiligen Schrift» in einer Stadt bedeutende Predigten hielt, so dass man weit im Lande davon sprach. Dies hörte ein Laie, ein «gnadenreicher» Mann, so wird er genannt. Dreimal wird er «im Schlafe» ermahnt, in jene Stadt zu gehen, wo der Meister predigt und seine Predigt anzuhören.

Und gehorsam der inneren Stimme macht er sich auf den Weg, wiewohl die Stadt in einem anderen Lande lag und gegen dreißig Meilen von seiner Heimat entfernt. Aber er denkt bei sich selber: «Du sollst doch dahin ‹fahren› und besehen, ob Gott vielleicht dort etwas schaffen wolle.» Er kommt in die Stadt des Meisters, und als er fünfmal seine Predigt gehört hat, sieht er in seinem geistigen Schauen, dass dieser Meister wohl ein bedeutendes Wissen in der Schrift[10] hat, dass dieses Wissen aber «finster» ist, nicht durchleuchtet von dem Licht der geistigen Welt. Und es geschah, so heißt es, dass ein großes Erbarmen in ihn fiel.

10 Damit ist in der Ausdrucksweise des Mittelalters nicht nur die Bibel gemeint, sondern auch das ganze theologische Schriftwerk der Kirchenväter, Thomas von Aquino usf.

Um mit dem Meister in eine nähere Berührung zu kommen, geht er zu ihm, erzählt ihm, wie er wegen seiner Lehre von weit hergekommen sei, und bittet ihn, seine Beichte anhören zu wollen.

Er wird also des Meisters Beichtsohn – und kommt oft zu ihm. Das währt etwa zwölf Wochen. Da tritt er mit der Bitte an den Meister heran, er solle doch einmal predigen darüber, «wie der Mensch zu dem Allerhöchsten und dem Allernächsten kommen kann, zu dem der Mensch in der Zeit zu gelangen vermag». Darüber verwundert sich der Meister, der in dem Laien bisher nur einen schlichten Mann des Volkes sehen konnte: «Was willst Du mit so hohen Dingen, von denen Du doch nur wenig verstehst?»

Der aber lässt in seiner Bitte nicht nach: «Wenn auch nur *ein* Mensch versteht, worauf es ankommt, so ist die Mühe nicht verloren.»

So lässt sich der Meister schließlich herbei und hält eine Predigt über den Weg zu einem «vollkommenen» Leben. In dieser Predigt erinnert er an die Forderungen, die Dionysius der Areopagite an die Schüler stellte, die zu höherer geistiger Erkenntnis aufsteigen wollten. Dieser war ja für das ganze Mittelalter der Repräsentant der esoterischen christlichen Schulung. Viele Merkmale zählt der Meister auf, an denen man einen wahrhaft vom Geist erleuchteten Menschen erkennen kann. Vertrauen und Liebe seien die zwei Grundvoraussetzungen zu höherer Erkenntnis. – Bileam, jener alte heidnische Prophet, sei von so hoher

Einsicht gewesen, dass er die Dinge kannte, welche Gott erst über viele hundert Jahre offenbaren wollte, aber es half ihm wenig, weil er nicht mit Vertrauen und Liebe sich an dasjenige hielt, was er so erkannt hatte. Wenig Worte, aber viel inwendiges Leben sollte der Mensch haben und dieses wahrhaftige, demütige inwendige Leben, das solle den Menschen «vorpredigen»; und viele andere Anforderungen stellt der Meister auf. Wenn der Mensch all diesem genüge, dann erst solle er in Demut meinen, dass er anfangen wolle wie ein Kind, sich die Hilfe Gottes zu erwerben. Vorher könne der «Bildner aller Wahrheit» kein übernatürlich Werk in ihm wirken, es sei denn, dass er ihn, wie einst Paulus, mit «zuvorkommender Gnade» beschenke.

In diesem Sinne spricht der Meister in längerer, ausführlicher Rede.

Diese Predigt schreibt der Mann in seiner Herberge wörtlich genau aus dem Gedächtnis auf, «von Wort zu Wort, wie sie aus des Meisters Mund gegangen waren», und er kommt und liest sie dem Meister vor und fragt ihn, ob ein Wort darin fehle.

Noch viel mehr als zuvor ist hierüber der Meister verwundert, und er gesteht ihm, er selbst hätte es nicht so genau niederzuschreiben vermocht, «und besonders wundert mich, dass Du so ‹sinnreich› bist und hast es vor mir verborgen, obwohl wir so lange vertraut miteinander sind und Du mir so oft gebeichtet hast».

Da will sich der Mann vom Meister verabschieden,

um wieder in seine Heimat zurückzukehren. Dieser aber fühlt, dass er einen solchen Menschen nicht in dieser Weise gehen lassen darf, und bittet ihn zu bleiben und verspricht, noch öfter über dieses Thema zu predigen.

Da ist nun für den Laien der Augenblick gekommen, seine Absicht zu offenbaren und er sagt dem Meister: «Nicht eigentlich um Deiner Predigten willen bin ich so weit hergekommen, sondern um mit der Hilfe Gottes etwas Rat zu schaffen.» Aber der Meister versteht ihn immer noch nicht: Du bist doch ein Laie, kennst auch die Schrift nicht, willst Du etwa selber predigen? Der Laie aber antwortet ihm, dass er ihm etwas zu sagen habe, nur fürchte er, der Meister werde es kaum ertragen.

Doch der Meister verlangt zu hören, was sein Beichtsohn ihm zu sagen hat; und in dem nun folgenden Gespräch muss er erkennen, dass er einen Menschen vor sich hat, der ihn tief mit liebevollem Blick durchschaut. Der Laie schildert dem Meister, welchen Eindruck seine Predigt auf ihn mache. Er sagt ihm, die Worte, die er spreche, sind Worte, die man «von außen» reden mag, nicht rede in ihnen das Wesen der Dinge selber, sie entzünden nicht in den Menschen wärmendes Feuer der Seele. Solche Worte aber können nicht wahrhaft weiterhelfen, eher werden die Menschen dadurch gehindert. Denn wie ein Joch liegen die aufgestellten Forderungen auf ihnen, wie von außen erteilte Gebote wirken solche Worte. So wirkten einst die Pharisäer, die selber nicht mit dem kleinsten Finger anrührten, was sie von anderen verlangten.

«Es töte ihn noch der Buchstabe der Schrift», sagt der Laie dem Meister und er zeigt ihm auch den tieferen Grund, warum es so ist. Er macht dem Meister Mitteilung über die Schwächen, die er in seiner Seele erkannt hatte, deren sich der Meister wohl bewusst war, von denen er aber glaubte, dass niemand außer ihm selbst davon Kenntnis haben konnte. «Da Du es aber weißt», sagt er dem Laien, «so ist für mich außer Zweifel, dass Du dieses Wissen von Gott erhalten haben musst».

Eine Wandlung im Gemüte des Meisters bewirkten die Worte des Mannes. Und so konnte er ihm mehr und mehr von seinem inneren Leben offenbaren: «Wisset, wenn der alleroberste Meister zu mir kommt, so unterweiset er mich und lehrt mich in einer Stunde mehr, als Ihr und alle Lehrer, die in der Zeit sind, bis an den Jüngsten Tag je lehren können.»

Mit diesen Worten ließ er hineinschauen in sein intimes Verhältnis zu der Wesenheit des Christus, dem «allerobersten Meister». Aus eigenster Erfahrung kann er dem Meister sagen, wie er das, was in seiner Seele noch tot ist, zum Leben erwecken kann. Er zeigt ihm, wie im Innersten des Menschen, in seinem Willen, verborgen liegt die erweckende Kraft des Geistes. «Ihr selber wisst, dass in der Schrift gesagt ist, der Buchstabe tötet, aber der Geist macht lebendig. Doch kommt es darauf an: Derselbe Buchstabe, der Euch jetzt tötet, derselbe Buchstabe könnte Euch auch lebendig machen, wenn Ihr es selber wollt.» – Da sieht der Meister, dass er bisher von Dingen sprach, über die ihm die Lebenserfahrung noch fehlte, dass er die Wirklichkeit dessen, was er durch äußeres Wissen schon gut kannte, noch zu erleben hatte. Und er bittet den Laien, dessen Tiefe er nun erkennt, ihm zu erzählen, wie er es angefangen habe, um zu diesem Leben im Geiste zu kommen.

Als der Laie diese Bitte erfüllt und ihm von seinem eigenen «anfangenden» Leben erzählt, da erkennt der Meister in ihm einen Führer zu wahrem geistigem Leben. In großer Erschütterung bittet er den Laien, ihn als Schüler anzunehmen. Aus der Kraft seelischer Überwindung ringt er sich durch zu diesem Entschluss. Er, der Ältere an Jahren, bittet den Jüngeren – der bedeutende Gelehrte bittet den schlichten Laien. Aus tiefer innerer Bescheidenheit kommen die Worte, die er dem Laien sagt, indem er bedenkt, dass er schon fünfzig Jahre alt ist: «Auch jenem Menschen, der als letzter in den Weingarten kam, gab man seinen vollen Lohn und gab ihm auch einen Pfennig. Ich will Dir sagen, ich habe es so fest in mein Herz gesetzt; wüsste ich, dass ich darum sterben sollte, so will ich doch einen neuen Anfang machen, und sage mir, wie ich es beginnen soll. Denn ich kann nicht länger warten.»

Da gibt ihm der Laie eine bestimmte Schulung an. Einfache Anweisungen, gegeben in Form eines Alphabetes, wie man es den Kindern zu Anfang lehrt:

A. Anfangen sollt Ihr ein reines gutes göttliches Leben.

B. Böses sollt Ihr meiden und Gutes dafür tun usf.[11]

Das Schwergewicht der Schulung liegt in der Strenge, mit der diese Anweisungen durchgeführt werden müssen. Und damit der Meister sie mit voller Kraft durchführe, rät ihm der Laie, sich von aller äußeren Wirksamkeit für einige Zeit zurückzuziehen. Erkraftung des Ich gegenüber den Seelenschwächen ist der Sinn der Schulung. «Ihr selber sollt Euer eigener Zuchtmeister sein.» Und als eine weitere Schulung empfiehlt er ihm die Betrachtung des Lebens Christi und ein wahrhaftiges, demutvolles Anschauen des eigenen bisher verbrachten Lebens.

Der Meister, der ein Ordensbruder ist, zieht sich im Kloster zurück in seine Zelle und beginnt mit größter Strenge das übende Leben. Sein Lehrer hatte ihm Worte der Zuversicht vor dem Abschied sagen können: «Wenn es geschieht, dass die Zeit kommt, welche Gott wohl kennt, dann nimmt Euch Gott und machet aus Euch einen neuen Menschen, und bewirkt, dass Ihr dann ein in Gott zum zweitenmal geborener Mensch werdet ...» – Er erinnert den Meister daran, dass man sein Verhalten weder in der Stadt noch im Kloster verstehen wird, und glauben wird, er sei zu einem Toren geworden – auch solle er nicht erschrecken, wenn die inneren Stürme der Seele ihn niederwerfen würden; sondern Gott wohl vertrauen, «so verlässt er Euch nicht»! Dann nahm der Mann von dem Meister Abschied und kehrte zurück in seine Heimat im Oberland.

11 Das vollständige Alphabet im Urtext siehe S. 146.

Nach Verlauf von zwei Jahren, die ausgefüllt waren von ernstem Ringen mit den Schwächen der Seele, leidvoller Erkrankung, die der Meister in Demut trug, unter Schmähungen seiner besten Freunde, da geschah es in «derselben Nacht als Sankt Paulus bekehrt ward», dass er aus schwerster innerer Not heraus zu der erstrebten Einweihung gelangte.

Bei voller Seelenwachheit vernahm er eine Stimme, deren Ursprung er nicht sehen konnte, und die zu ihm sprach: Habe nun Deinen Frieden und vertraue auf Gott, der auf Erden in menschlicher Natur gewohnt hat; welchen Kranken er an dem Leibe gesunden ließ, den machte er auch an der Seele gesund! Und als die Worte verklungen waren, wurde der Meister in ein übersinnliches Erleben «gezogen». Und als er wieder zu sich gelassen worden war, da fand er in sich eine starke neue Kraft, die seinen ganzen Leib durchdrang. Fröhlichkeit war in seine Seele eingezogen, wie er sie nie vorher an sich erfahren hatte, und in seinem Geiste fand er ein großes, lichtreiches Unterscheidungsvermögen, das ihm vorher gänzlich unbekannt gewesen war. Und da ihm dies alles ganz neu war, so sandte er zu dem Mann, der sein bester Freund geworden war, um ihm alles zu sagen.

Der Mann, so heißt es, ist gehorsam und kommt, und erfährt voller Freude aus des Meisters Mund, was sich begeben hat. «Diese neue Märe habe ich vom Grund meines Herzens gern gehört» sind seine ersten Worte. Und er zeigt dem Meister, wie er in seinem Erleben von den höchsten Kräften berührt worden ist. «Und wie Euch der Buchstabe vormals tötete, so wird er Euch nunmehr lebendig machen, denn die ‹Schrift› ist ja aus dem Heiligen Geist gekommen und da Ihr nun das Licht des Geistes empfangen habt, so wird Euch künftig die Schrift, deren Kenntnis Ihr in Euch tragt, in neuem Lichte erscheinen. Über vieles wird es neue Klarheit verbreiten, die Ihr vorher nicht hattet. Denn manches scheint sich in der Schrift zu widersprechen, aber wenn man es im Lichte des Geistes anschaut, so sieht man erst die Übereinstimmung.»

Jetzt rät er dem Meister, die Predigt wiederaufzunehmen, die er durch zwei Jahre hindurch hatte ruhen lassen, denn jetzt würde er die Menschen erst wahrhaft fördern können; und zugleich empfiehlt er ihm, den neugewonnenen Schatz seiner Seele wohl zu hüten: durch demutvolles Schweigen; «denn es gibt feindliche Mächte, die dem erleuchteten Menschen nachstellen und ihm seinen Seelenreichtum rauben wollen».

Noch eine Prüfung hat der Meister zu bestehen. Er sagt seit langer Zeit wieder die erste Predigt an. Viel Volk versammelt sich, denn man erinnert sich des Meisters wohl. Es ist ein Ereignis, dass der, der so lange schwieg, wieder hervortritt. Als das Volk versammelt ist, steigt der Meister auf eine Erhöhung, dass man ihn besser hören könne. Für ein kurzes Gebet verhüllt er die Augen mit der Kutte: «Barmherziger Gott, gib mir, dass in meiner Rede Dein allerliebster Wille vollstreckt werde.» Da stürzen ohne sein Zutun die Tränen hervor und verhindern ihn, auch nur ein Wort zu reden. Ungeduld ergreift die Menschen. Und als er beginnen will, ist er unfähig vor innerer Ergriffenheit, weiterzusprechen und muss den Menschen sagen, dass es ihm leid ist, dass sie warten mussten, «ich kann und vermag nicht ein Wort Euch zu sagen». Man steht auf und geht fort und in der Stadt verbreitet sich, dass man nun erst sehe, dass der Meister zu einem Toren geworden sei. Die Brüder im Kloster verbieten ihm weitere Predigten anzusagen: er schade dem Orden. – Vom Laien jedoch kann der Meister Trost empfangen: «Diese Schicksalsprüfung sei ihm noch notwendig gewesen. Auch von anderen großen Lehrern habe er ähnliches erfahren.» Er rät ihm, dem Prior des Klosters den Vorschlag zu machen, dass er ihn zunächst in der Schule des Klosters vor den Brüdern eine Lesung halten lasse. Das wird ihm gestattet und die Brüder sind erstaunt über seine göttliche, gute Lehre.

Ein zweites Mal wird nun eine Predigt des Meisters angesagt. Sie sollte ein großes, bedeutendes Ereignis werden. Ein neuer Ton, den man am Meister vorher nicht gekannt hatte, klingt in seinen Worten. «Nicht mehr wie früher, so sagt er, will ich meine Rede mit Latein durchsetzen. Das will ich nun nicht mehr tun. Wenn ich lateinisch reden will, so soll es vor Pfaffen sein, die es verstehen.» Die Sprache des Volkstums soll in Zukunft Gefäß des Geistes werden.

Es ist eine bedeutende Bewegung, die wir hier, durch des Gottesfreundes Wirksamkeit gefördert, entstehen sehen. Alle großen deutschen Mystiker, neben Tauler, Suso,

Ruysbroeck, Rulman Merswin, der Verfasser der «deutschen Theologie» und später besonders Johannes Hus, die böhmischen Brüder, die Brüder vom gemeinsamen Leben werden die begeisterten Träger dieser volkstümlichen Strömung. Bildhafter, plastischer sind die Worte jener volklichen Mundarten, deren sich diese Liebhaber der Sprache bedienen, lebendigere, seelenvollere Gefäße des Geistes finden sie in ihr, indem sie sie schöpferisch erheben. – Wie anders ist das korrekte, logische Latein! Es diente besser dem Scholastiker zur feinen Ausziselierung des Gedankens, aber der imaginative Gedanke, der die Lebenskraft des Urwortes in sich aufnehmen soll, und sie von Herz zu Herz durch den Mund der Menschen tragen soll, braucht eine lebendige Sprache, in der Wort und Wortfügung plastisch sind, wie der Ton, der noch feucht ist unter den Händen des Künstlers.

Lebendiger strömt die Rede aus dem Munde des Meisters: «Ich habe ein Wort genommen und will in dieser Predigt darauf verweilen. Das Wort heißt: Sehet, der Bräutigam kommt, gehet aus, ihm entgegen! An uns alle ergeht der Ruf, so sagt der Meister, denn wir alle heißen Christus-Bräute. Durch schwere Prüfung, durch Todeserleben, durch Überwindung bereitet sich die Braut die Reife zur geistigen Hochzeit, in der die Seele aufnimmt in ihr Innerstes den Christusgeist. Leiden ist das Kleinod und der Minnetrank, den ihr der Bräutigam schenket. Aber in der Bitterkeit des Leidens erlebt die Seele ihre Reinigung. So durch- schreitet sie die Stufen der *Vorbereitung*.

Wenn dann der Bräutigam die Braut in dem Lichte der ewigen Weisheit anblickt, so wird ihm die Braut immer mehr lieb, und er lässt sie in dem «großen schenkenden Leiden», bis zu der Zeit, dass sie ganz schön und rein geworden ist. «Und es spricht dann der Bräutigam zu ihr: Wohlan, meine wohlgefärbte schöne Braut, denn Du bist nun ohne alle Flecken und ganz und gar rein. Und so sieht sie denn der Bräutigam gar außer Maßen freundlich und gar gütlich an.» Es empfängt die Seele die Erleuchtung im Christuslicht.

Und zu dieser Hochzeit kommt auch des Bräutigams ewiger Vater und spricht: «Wohlauf mit Freuden, es ist an der Zeit» ... In diesem Momente der Predigt erklang aus dem Munde des Meisters das Urwort: «Es ist an der Zeit», das immer bei der Einweihung ertönt, das den Auftakt dazu bildet, dass Weltengeist und Seelengeist sich durchdringen, dass der Mensch in sein Inneres das Licht der Geisteswelt aufnimmt und sich das geistige Sinnesorgan dem höheren Licht erschließt, wie die Blume sich dem Morgensonnenstrahl öffnet.

«Und der ewige Vater nimmt den Bräutigam und die Braut und führt sie zur Kirche, das heißt zur Gemeinschaft mit den Wesenheiten der Geisteswelt, und vertrauet sie da zusammen und verbindet sie da in so großer vermählender Minne, so dass die Minne so stark und so groß und so fest wird, dass sie weder in Zeit noch in Ewigkeit nimmermehr geschieden werden.»

Diese Predigt wurde das Hohelied der mystischen

Hochzeit. – Ein jedes Wort war aus tiefstem Erleben gesprochen. Und dieses Erleben teilte sich den Hörern mit. Es wird uns erzählt, dass gegen vierzig Menschen in einen Zustand geistigen Erlebens gebracht wurden durch die unmittelbare Wirkung der Worte. Sie waren wie tot niedergefallen und Besorgnis ergriff die Zuhörer, auch den Meister selbst. Aber nur für den äußeren Anblick waren sie tot. Der Laie, der bei dieser Predigt anwesend war, beruhigt den Meister: «Sie sind nicht gestorben und wisset, sie haben mit dieser Predigt eine lange Zeit zu tun.»

Eine neue Bedeutung erhielten fortan die Predigten des Meisters, so berichtet uns weiterhin die «Historie». Sie schildert uns, wie sie den Menschen nicht nur Erbauung, sondern Verwandlung brachten.

Die Begegnung mit dem Laien hatte den Meister von einem bloß Erkennenden des «seienden Gottes» werden lassen zu einem «Freund des göttlichen, über Sein und Nicht-Sein erhabenen göttlichen Tuns und Wirkens», so spricht Rudolf Steiner[12] von dieser Begegnung. «Ein Gottesfreund in diesem Sinne war der Laie, der zu dem Meister kam. Und durch ihn wurde der Meister aus einem Betrachter der Wesenheit Gottes ein «Lebendiger im Geiste».

So hatte Johannes Tauler, der große deutsche Mystiker –

12 Eine ausführliche Darstellung des Verhältnisses der «Gottesfreundschaft» im Sinne moderner Denkweise gibt Rudolf Steiner in seinem Buche *Die Mystik im Aufgange des neuzeitlichen Geisteslebens und ihr Verhältnis zur modernen Weltanschauung.*

denn das ist der «Meister» – der als Dominikaner in Straßburg lebte, die Wirksamkeit des «Gottesfreundes» an sich selbst erfahren. Er wusste seitdem, worin das Wesen wahrer Gottesfreundschaft besteht. In vielen seiner Predigten wies er seine Zeitgenossen hin auf jene Menschen, die ein vor der äußeren Welt verborgenes göttliches Leben in ihrer Seele tragen. Er nannte die Gottesfreunde «die Säulen der Christenheit». Er verglich sie dem Weinstocke: Nach außen zeigt er ein dürres Holz – deshalb kann der Mensch sich leicht über sie täuschen. Aber wer den Zugang zu ihrem Innern zu finden weiß, wem sich ein solcher Mensch offenbart, der findet in ihm rinnen die köstlichsten Säfte, ein unendlicher, fruchttragender Reichtum schließt sich dem Suchenden auf. – Er erinnerte an das Wort, das Christus seinen Jüngern beim Abendmahl sagte, in welchem wir sehen können das Begründungswort eines neuen Verhältnisses der Menschheit zur geistigen Welt:

«Ich sage hinfort nicht, dass Ihr Knechte seid. Denn ein Knecht weiß nicht, was sein Herr tut. Euch aber habe ich gesagt, dass Ihr Freunde seid. Denn alles was ich habe von meinem Vater gehöret, habe ich Euch kundgetan.» (Joh. 15.15) So zeigte Tauler, dass er an sich selbst erlebt hatte, was im wahren Sinne des Wortes «Einweihung» bedeutet.

Wie aber war der Laie, der als ein Gottesfreund zu dem Meister kam, nun selber zu dieser göttlichen Wirkenskraft gelangt, aus welcher er den Menschen seiner Zeit ein Führer zur Einweihung werden konnte?

Des Gottesfreundes Weg zur Einweihung

«Ich weiß einen Menschen, der ward vor dreißig Jahren verzückt, ob das in dem Leibe war oder außer dem Leibe, das weiß ich nicht, Gott der weiß er ... Aber ich nehme die Erlaubnis von Gott und spreche das wohl mit Wahrheit, dass ich übersinnliche Wunder erkannte, die völlig unaussprechlich sind, nur das eine könnte ich mit dem lieben St. Petrus gesagt haben: Herr, hier ist gut sein ...»

Diese Worte schreibt der Gottesfreund vom Oberland an die Johanniter des Hauses zum Grünen Wörth in Straßburg – und beginnt damit die Erzählung seines Weges zur Einweihung.

Wie hatte sich der Weg des Gottesfreundes zu diesem Geist-Erleben gestaltet? In verschiedenen Handschriften ist uns von ihm selbst hierüber berichtet.

Er war herangewachsen als eines reichen Kaufmannes Sohn. Innige Freundschaft verband ihn mit dem Sohn eines Ritters von edlem Geschlecht. Der wurde von seinem Vater in die Welt der Vergnügungen edler Ritterschaft eingeführt, während der Kaufmannssohn seinen Vater begleitete auf Reisen in fremde Länder, damit er auch die Kaufmannschaft erlerne. Wenn dann die zwei Jünglinge wieder heimkamen, so erneuerten sie ihren Freundschaftsbund.

Als der junge Kaufmann gegen zwanzig Jahre alt geworden war, starb sein Vater. Er selber machte die Reisen nun allein, fortsetzend, was sein Vater begonnen. Bald jedoch starb auch die Mutter. Und er fand, dass die Eltern ihm so großes Gut hinterlassen hatten, dass er nicht wusste, was er damit beginnen solle. So ging er zum Sohn des Ritters und sie berieten sich, was mit dem Gelde geschehen könnte. «Nun brauchst du nicht mehr Kaufmann zu sein», waren dessen Worte, «nun wirst Du erst ganz mein Gefährte sein. Zu ‹Schimpf und Ernst› werden wir miteinander reiten und werden Ritterschaft suchen und stechen und tournieren an allen Höfen und mit den Frauen Kurzweil haben! Denn jetzt sind wir ja reich genug!»

Freudig war der junge Kaufmann einverstanden. Nur das Tournieren war ihm nicht gestattet, da er nicht ritterlichen Standes war.

So besuchten sie nun die Höfe und ritterlichen Spiele und wurden bekannt den edlen Frauen und wurden ihnen lieb und wert. Denn sie bereiteten ihnen viel Zeitvertreib und luden sie «zu Quellen und in Gärten». Und sie hatten so schönes, höfisches Benehmen, es sei mit Herren oder Frauen, mit Rittern oder Knechten, dass sie schätzte, wer mit ihnen bekannt wurde.

So geschah es, dass zwei gar schöne edle wohlbefreundete Jungfrauen mit Gemüt und mit Herzen an sie fielen und es währte nicht lang, so hatten sie so ihre Herzen «miteinander verloren», dass sie nur noch an die Ehe dachten. – Es sollte der junge Edelmann mit den Verwandten und Freunden der einen Jungfrau wegen seines Freundes reden. Doch da der junge Kaufmann nicht aus adligem Geschlechte war, erfuhr der für den Freund werbende junge Ritter solche Ablehnung, dass er nichts von den Einzelheiten seiner Unterredungen seinem Freund zu sagen wagte.

Der junge Ritter fuhr mit Freunden über Meer. Den Kaufmannssohn hielt seine Freundin zurück, dass er bei ihr bleibe. Zwei Jahre währte es, dass die Jungfrau ihre Mutter bat, ihr die Heirat zu erlauben. Sie und die Verwandtschaft kamen schließlich überein: Der Kaufmann solle, da er nicht gleichen Standes sei, 6000 Gulden leihen; die sollten der Braut zur Aussteuer dienen, sonst aber werde sie keine Mitgift in die Ehe bringen vor der Mutter Tod.

Eine Stunde war festgesetzt auf den Morgen eines bestimmten Tages, da sollten die Verwandten und Freunde von beiden Seiten zusammenkommen, die Verträge sollten dann geschlossen werden und beide, Kaufmann und Edelfrau, sich einander verloben.

Doch während die Gäste die Nacht durchfeiern zur kommenden Hochzeit, geht der junge Kaufmann in seine Kammer – ein Lichtlein nur erhellt den Raum – und betet vor dem Kruzifixus, den er als Knabe einst aus dem Trieb des Herzens sich erworben hatte.

Von Jugend auf hatte er stets ein Gebet gehabt, in welchem er «den Tod unseres Herren und das große Mitleiden unserer lieben Frau» anrief. Doch in diesem Gebet in entscheidungsvoller Stunde gelobte er in großem Ernst zu tun, was die Gottheit von ihm erwarte, und wenn er den Tod darum erleiden müsse. Da neigte sich für sein Schauen der Gekreuzigte und eine Stimme erklang: Steh auf, und lasse die Welt, und nimm Dein Kreuz auf Dich und folge mir nach!

Dieses Wort hatte sein Herz ergriffen. Und das nun folgende geistige Erleben ließ ihn hineinschauen in eine geistige Welt, die seinen Sinnesaugen bisher verborgen geblieben war – und offenbarte ihm seine wahre Bestimmung und seine Aufgabe in diesem Erdenleben.

Da er erkannte, dass er in Einsamkeit neue Wege zu gehen hatte, so entschloss er sich, als der Morgen graute, der Braut und den Freunden die Absage zu schicken: Es könne die Hochzeit nicht sein.

Alle, die ihn vorher gekannt hatten, verspotteten ihn jetzt; konnten sie doch sein Absagen der Hochzeit nicht verstehen, weil sie die Möglichkeit solcher Verwandlungen in einer Menschenseele nicht ahnen konnten; und er litt es geduldig, weil er die anderen verstehen konnte. Aber er wollte nicht, dass sich die Menschen seinetwegen zu sehr in ihrem Spotten an ihm verschuldeten; so zog er aus seinem Hause fort, das am besten Ende der Stadt gelegen war, und ging dorthin, wo die arme Bevölkerung wohnte, und lebte dort, wo er den Menschen Wohltaten erweisen konnte. Erst später suchte er einen Wohnplatz mit seinen Geistesschülern in den Bergen.

In der Entscheidungsstunde jener Nacht hatte sein inneres Leben begonnen. Er hatte erkannt, dass es tief in seinem eigenen Wesen begründet liege, ein Diener des Christus zu sein.

Es war sein Gelöbnis in jener Nacht:

«Ich will noch heute der Welt Abschied geben und allen Kreaturen miteinander, und besonders dem Menschen,[13] der mir so lieb geworden ist und mit dem ich mein Herz verloren habe ... Und so begehre ich heute von Dir – so wendete er sich zu Christus – der Du für uns den Tod erlitten hast, dass Du fortan mein Herzenslieb und Gemahl sein möchtest. Denn ich erkenne wohl, dass der Mensch in der Zeit nicht ohne Minnen sein kann, er muss Gott oder die Kreaturen lieben, und ich erkenne wohl, dass göttliche Minne und Kreaturen-Minne nicht wohl bestehen können beieinander».

Ein unverbrüchliches Selbstversprechen besiegelte den neuen Bund. «Ich legte meine linke Hand in meine rechte Hand.»

Die linke Hand sollte bezeichnen die Schwäche der niederen menschlichen Natur, die den linken, unrechten Weg lange Zeit in der Irre gegangen ist. Aber die rechte Hand sollte die Gottheit selbst bezeichnen, «denn Du bist milde und gerecht». Und die Linke sprach: Sieh, rechte Hand, empfange heute ein Gelübde an Gottes Statt, dass ich an ihm alleine bleiben will und ihn alleine minnen will und ihn allein zu einem Gemahl erwählen will.

13 Von der Braut wird berichtet, wie auch sie durch ihn bald nach jenem Tage zu einem geistigen Leben kam, in welchem sie neun Jahre bis zu ihrem Tode blieb.

Da ihm ein Leben im Geiste bis dahin noch unbekannt war, so erbat er von der Gottheit, dass sie ihm zu verstehen gebe, wie er sich halten und üben solle, so dass es im Sinne der geistigen Welt sei.– Da geschah es, dass er sich umfangen und umschienen sah von einem schönen minniglichen Lichte – und ihm in diesem Lichte die Offenbarung zuteil wurde, die er verglich mit dem Erlebnis des Paulus vor Damaskus, als er viele Jahre später hierüber den Brüdern im Grünen Wörth mit den Worten des Paulus schrieb: «Ich weiß einen Menschen, der ward vor dreißig Jahren verzückt, ob das in dem Leibe war oder außer dem Leib, das weiß ich nicht. Gott der weiß es.»

Alles, was ihm an irdischem Gut vererbt worden war, will er nicht mehr für sich, für seine eigene irdische Persönlichkeit behalten, sondern es so verwenden, wie es die Gottheit haben will. Völlige Bereitschaft, ein «Diener des Wortes» zu werden, stellt er in seiner Seele her.

«Da antwortete mir», so schreibt der Gottesfreund, «ohn alles mein Zutun die allerfröhlichste, süßeste Stimme, die in mir selber hervorbrach: Du mein lieber Gemahl Du sollst wissen, dass ich der bin, der hier in Dir redet, Herr über allen Herren und Herr über alle Dinge, die je wurden oder sein werden. Der da Herr immer war und immer sein wird. Du hast recht getan, dass Du Zeit gegeben hast um Ewigkeit, und ich will Dir sagen, Du bist ein verwegener, frommer, kühner Mann, wie man wenige in diesen Zeiten findet ... Ich will nun von heute an selber Dein Lehensherr sein. Dein leiblich Gut sollst Du fürder von mir zu Lehen erhalten, mein Lehensmann sollst Du von jetzt an sein. – Und ich will nicht, dass Du Deine Natur verderbest, denn Du bist in der heißen, lohenden, brennenden Minne, darin auch manche starke, kräftige Natur schon verdorben ist. Deshalb gib acht auf Dich ... Nicht soll Dir mehr für dieses Mal gesagt sein.» Die göttliche Rede im Seeleninnern schwieg.

So sah sich der Gottesfreund ganz sich selber überlassen. Er erzählt uns nun, wie er die harte Askese, die in der geistigen Schulung des Mittelalters üblich war, auf sich nahm. Dem heutigen Menschen grausam erscheinende Geißelungen vollzog er an sich, die den Leib sehr verwundeten.

Von Stufe zu Stufe schreitet der Gottesfreund in seinem geistigen Erleben vorwärts. Er erreicht die Beherrschung von Kräften, die sonst dem Menschen in seinem gewöhnlichen Tagesbewusstsein nicht gegeben ist.

In Bildern werden uns diese Stufen geschildert, wie sie dem mittelalterlichen Menschen zugänglich waren. Zu dem heutigen Menschen muss der Eingeweihte in «Begriffen» sprechen, wenn er aus geistigen Erlebnissen schildern will. Damals war ein unmittelbares Verstehen einer Sprache in Bildern möglich.

Nachdem der Gottesfreund sich durch viele Wochen in großer Strenge geübt hatte, erlebte er eine neue Geistes-Offenbarung, von der er in folgenden Bildern erzählt:

«Es kamen zu mir die allerschönsten, lieblichsten Jungfrauen, wie ich nie so schöne Erscheinungen gesehen hatte; sie waren so durchleuchtet, dass ich ihren Anblick kaum ertragen konnte. – Wer seid ihr, was wollt ihr? Sie sprachen: Wir sind, denen Du gedient hast und wollen Dir lohnen. Wir sind genannt Agnes und Katharina. – Es führten mich da diese beiden in den allerschönsten, freundlichsten Garten zu einem wundersamen Bäumlein, daran waren gewachsen die größten und herrlichsten Birnen von denen ich je sagen hörte. Und sie hießen mich unter das Bäumlein sitzen und sprachen, nun tu Dein Gewand auf und schüttel das Bäumlein. Ich tat's und die Birnen fielen herab in meinem Schoss. ‹Bewahre sie gut›, sagten die Jungfrauen, ‹gib niemandem davon. Wenn Du aber Schwäche empfindest in Deinem Leibe, so magst Du davon essen, so wirst Du große, neue Kraft gewinnen. Und streichst Du die Kerne der Birnen über Deine Wunden, so werden Dir alle Wunden von Stund' an heil: Nun gesegne Dich Gott›. Mit diesen Worten der Jungfrauen verschwand das ganze Gesicht.»

Dann hören wir, dass der Gottesfreund diese Früchte bei sich fand, und dass jedesmal, wenn er davon aß, er neue Lebenskraft erhielt. Die Kerne leuchteten, als wenn es Karfunkelsteine wären. Wenn er die Wunden, die er durch die Askese erhalten hatte, damit bestrich, so heilten sie sofort, und die Haut war gänzlich unversehrt.

Was wird uns in dieser bildhaften Sprache, die ein Geheimnis halb verhüllt, halb offenbart, gesagt?

Anthroposophie kann uns heute zu dem Verständnis solcher Bilder helfen.

Im Inneren des sichtbaren Leibes, verborgen dem äußeren Anschauen, aber in seinen Wirkungen deutlich trägt der Mensch das Lebensprinzip. Es ist der Architekt seines physischen Leibes, der ihn in seiner Form erbildet und erhält: der Beweger der Säfte, der Bewirker des Wachstums und Regeler aller Funktionen des Lebens. Es ist der «Bildekräfteleib», so nannte ihn Rudolf Steiner, ein den physischen Leib durchziehender ätherischer Organismus.[14] Das ganze Leben hindurch verhindert er, dass der physische Leib zerfällt. Erst im Tode löst er sich von ihm, da erst unterliegt der vom Leben verlassene Leichnam den physischen Gesetzen – er muss verwesen. Diesen ätherischen «Leib» hat der Mensch mit der Pflanzenwelt gemeinsam. Könnte der Mensch bewusst in das Innere seines Organismus hineinschauen – nicht wie der Anatom, der ja auch nur das Äußere sieht, selbst wenn er den Leib zerschneidet – sondern wie es dem geistigen Blick möglich ist: eine neue Welt würde sich ihm erschließen – wie einen Garten würde er diese innere Wachstumswelt erleben.

Von diesem Garten spricht der alte Mythus, der vom Paradies erzählt. Er stammt aus jenen Zeiten, als noch die Menschen mit träumendem Hellsehen in ihre eigene Leibesorganisation hineinschauen konnten. Diese Welt des Lebens ist dem Menschen unzugänglich geworden. Durch physische Sinnesorgane schaut er heute auf die äußere Welt. Vom «Baum der Erkenntnis» hat der Mensch gegessen. Zu freiem Ich-Bewusstsein steigt er auf. Der Baum

14 Siehe Rudolf Steiner, *Theosophie*.

des Lebens jedoch wächst und wirkt in den unterbewussten Tiefen. Keine der Lebensfunktionen im Innern des Organismus kann der Mensch aus seinem bewussten Willen beherrschen. Aus diesem Gebiet seines Wesens ist er «vertrieben». Aber dem Eingeweihten, der in seiner Seele reif dazu geworden ist, schließt sich diese innere Welt wiederum auf. Geistige Wesen lassen ihn wiederum genießen die Früchte vom Lebensbaum. Er lernt diese Lebenskräfte wiederum gebrauchen. – Das wird uns dadurch ausgedrückt, dass gesagt wird, dass der Gottesfreund die Früchte, die er von dem Baume im Garten gewinnt, bei sich behält: durch ihren Genuss kann er neue Lebenskraft in sich rege machen. Und so wie er die Kräfte des «Lebensleibes» durch die Früchte beherrschen lernt, so geben ihm die Kerne, die wie Karfunkelsteine leuchten, Macht über die feinen inneren Prozesse des physischen Leibes: die Wunden werden heil, als wäre nie ein «Sere» gewesen.

«Aber dieses große Zeichen und Wunder», so berichtet der Gottesfreund, «konnte die Begierde meiner Seele nicht erfüllen.» Und er erstrebte mit aller Kraft eine Wiederholung des Erlebens, wie es ihm in seinem «allerersten Anfang» zuteil geworden war. Eine strenge Übungszeit von dreißig Tagen verging, da erreichte er eine neue Stufe des geistigen Erkennens. Wiederum gibt er eine bildhafte Schilderung:

«Ich ward geführt in einen lieblichen Chor (wir können ihn uns denken wie den Chor einer gotischen Kirche), in dem war alles von so wundersamem Schein durchleuchtet, als wäre er mit feinem Golde ausgeschlagen – und es war der Chor voll lichter-schöner Engel und unter den Engeln sah ich die heiligen Zwölfboten – und es sprachen die zwölf Apostel zu mir: Wohlan, Du musst die Messe singen. Da sprach ich. Wie kann das sein? Bin ich doch nicht gelehret und geweiht dazu. -Da ward ich zur Stunde die Heilige Schrift gelehrt und es ging Sankt Peter hervor und bereitete mich und gab mir die Weihe – da sang ich die Messe und die Engel und die heiligen Apostel dienten mir und halfen mir, die Messe zu singen. Und als die Messe vollbracht war, da neigten sie sich vor mir und machten ein Kreuz über mir.»

Dann verschwand das Gesicht.

Und es wird weiter erzählt, dass dem Gottesfreund als Frucht dieser Einweihung die ganze Heilige Schrift – «wohl auf dreißig Wochen» – bekannt war und er kannte sie so gut, als sei er all seine Tage auf hohen Schulen gelehrt worden «und hatte doch so große Dinge nie gelernt».

Was ist gemeint? Wie können wir dieses rein geistige Lesen der Heiligen Schrift verstehen?

Anthroposophie lehrt uns erkennen, dass so, wie dem Menschenleibe zugrunde liegt ein ätherischer Leib, ohne den er zerfallen müsste, die ganze Erde getragen und gehalten wird vom Weltenäther. Der Mensch älterer Zeiten konnte noch mit seinem träumenden Hellsehen die ganze Erde, auf der er wandelte, als ein großes Lebewesen empfinden, und es war nicht nur ein Spiel der Vergleichung, wenn er in ihr Verwandtschaft fand zum eigenen Leibe. Die Felsen und Gesteine waren ihm die Knochen, die rinnenden Bäche und Ströme die Adern dieses Wesens, in den atmosphärischen Erscheinungen erlebte er seelische Regungen, das Licht der Gestirne offenbarte ihm Geistiges. Er empfand in ihm Verwandtschaft mit dem Lichte des eigenen Bewusstseins, «Intelligenzen» nannte er die Wesen, die er mit den schimmernden Sternen verbunden wusste. Als «Mikrokosmos» erlebte sich selber der Mensch – gegenüber dem «Makrokosmos». Was er rings um sich ausgebreitet sah in den Reichen der Natur, das fühlte er in seinem Wesen zusammengefaltet, und was er in sich fand als Leibesleben, als seelische Bewegung, als Intelligenz und Gedächtnis, das fand er wieder im Großen, wenn er die Erde und die ihn umgebende Welt betrachtete.

Heute, wo die Wege zu neuer geistiger Weltbetrachtung durch Anthroposophie wieder gewiesen werden, können wir diese alten, aus träumendem Hellsehen gewonnenen Anschauungen neu verstehen. Da finden wir, dass der menschliche Ätherleib nicht nur den physischen Leib durchwirkt und die Lebensfunktionen erhält, sondern dass er auch der Träger aller Gedächtnisvorstellungen des Menschen ist. Wenn sich der Mensch an etwas erinnert, so taucht ihm aus verborgenen Tiefen die Erinnerung auf. Im ätherischen Organismus war sie verborgen. Wenn im Tode der Ätherleib sich löst, so umschweben den Menschen alle Erinnerungen seines Lebens. Viele Menschen, die einmal dem Tode nahe gekommen waren, haben dieses erlebt. Nicht mehr ist dann dieser Lichtleib in den physischen Organen gebunden, frei entfaltet er vor der Seele das «Lebenstableau». – Nun zeigt Rudolf Steiner – in ausführlichster Darstellung hat er es oft geschildert – dass ebenso, wie der Mensch ein «Gedächtnis» hat, auch ein großes, umfassendes Weltgedächtnis vorhanden ist. Was auf Erden je geschah, ist in dieses Weltgedächtnis eingezeichnet. Der Weltenäther ist der Träger dieser «Erdenerinnerungen».

Wenn nun im Menschen sich innerlich die höheren Organe entfalten, welche die Seele hinführen zum Erlebnis des Geistes, so treten ihm Gedächtnisbilder aus dieser Weltenäther-Chronik entgegen. Auch was er selbst durchlebte in vergangenen Erdenleben, kann so dem Menschen begegnen. Er liest in einer geistigen «Heiligen Schrift» das Evangelium der Weltgeschichte, das mit leuchtenden Geisteslettern diesem Weltenäther eingetragen ist. Ein Abglanz aus dieser geistigen Wirklichkeit ist das, was Heilige Schrift genannt worden ist.

So wurde dem Gottesfreund auf innerem Wege bekannt, was er auf Erden in keiner hohen Schule gelernt hatte oder je hätte lernen können.

«Diese großen Zeichen konnten wiederum die Begierde meiner Seele nicht erfüllen», schreibt der Gottesfreund. Zwölf Wochen weiterer Übung vergingen. Da trat ein neues Erlebnis an ihn heran: «Wiederum ward ich verzücket, und sah bei mir stehen einen sehr großen Mann, der war an seinem ganzen Leibe so verwundet und durchmartert, dass es ein greulich jammervoller Anblick war, von dem ich sehr erschrak – und bange sprach ich zu ihm: Ach, lieber Freund, wer bist Du, dass Du so jämmerlich behandelt wurdest? Er aber sprach: Nun sieh mich an und Du sollst wissen, dass Du selbst eine Ursache dieser großen Marter warst. Und in demselben Worte nahm er mich und drückte meinen Mund an sein verwundetes Herz und sprach: Nun sauge von meinem Blut, das soll Dir alle Deine Wunden heilen: und nahm da ein weißes Tüchlein und strich es über seinen verwundeten Leib, dass es blutig ward – und sprach: Da, sieh dies Tüchlein, und wenn Du verwundet wirst, so streich es über Deine Wunden, so bist Du alsbald genesen. Und mit diesen Worten machte er ein Kreuz über mich und war verschwunden.»

Dieses Tüchlein fand der Gottesfreund bei sich. Von allem Schmerz der eigenen Wunden war er befreit.

Diese Einweihung offenbarte dem Gottesfreunde ein tiefes Mysterium.

Außer dem sichtbaren physischen Leib und dem feineren, die Lebensvorgänge beherrschenden ätherischen Leib, trägt der Mensch noch höhere «Prinzipien» in sich. Er lebt ja nicht nur wie die Pflanze, sondern er vermag auch, die Welt wahrzunehmen durch Sinnesorgane, er entfaltet Bewusstsein, Gedanken leuchten in ihm auf, er fühlt, er will, er bewegt seine Glieder, er handelt. All diese seelischen Regungen haben gleichsam eine Grundlage im Menschen, die für die geistige Betrachtung eine bestimmte Gestalt zeigt, so dass Rudolf Steiner auch hier in übertragenem Sinne das Wort «Leib» gebrauchte. Er nannte dieses Gefäß der Seele im Menschenwesen den Seelenleib oder Empfindungsleib. Auch die Tierwelt trägt dieses Prinzip in sich, sie nimmt wahr, empfindet, Begierde regt sich in ihr, sie bewegt sich. Aber im Menschen erhebt sich die Seele über das bloße Bewusstsein, wie es im Tier vorhanden ist, zum Selbstbewusstsein. Ein viertes Prinzip hält seinen Einzug in die Seele, Es ermöglicht dem Menschen, sich als eigene Persönlichkeit damit von allen anderen Wesen um sich herum zu unterscheiden. Es ist der Kern seines Wesens. Wenn sich der Mensch in ihm ergreift, so ist er über die Vergänglichkeit erhaben, erlebt sich als schöpferischer Geist. Eine «Tathandlung» nannte Johann Gottlieb Fichte dieses «Sich-Ergreifen» im ewigen Wesenskern, im Ich.

Anthroposophie zeigt uns, wie diese höheren Wesensglieder im Menschenleib ihren Ausdruck finden. Der Lebensleib hat seine Grundlage im Organismus in den Säften des Leibes, im Drüsensystem. Als Grundlage des Seelenleibes ist dem Organismus eingegliedert das Nervensystem. Der physische Träger des Ich ist das Blut. Nicht ohne Grund ließ Mephisto im Goetheschen *Faust* den Teufelsvertrag mit Blut unterschreiben. «Blut ist ein ganz besonderer Saft.» Das ewige Wesen des Faust will Mephisto in seine Gewalt bringen.

Aber im menschlichen Blut wirken auch andere Mächte. In alten Zeiten der Menschheit hatte es Sinn, wenn der

Stamm, die Familie mit größter Strenge die Reinheit des Blutes zu wahren suchten. Als noch der einzelne Mensch das eigene «Ich» nicht in sich aufgenommen hatte, da lebte er eingegliedert in ein Gruppen-Ich, dessen Repräsentant der Stammvater war. «Ich und der Vater Abraham sind eines», so sprach mit Recht der Angehörige des jüdischen Volkes. Doch in der Menschheit griff immer mehr um sich die Blutsvermischung. Das löste die Nachkommen der Eltern verschiedenen Stammes aus Blutesbanden los und stellte sie auf sich selbst. Im Blute hatte sich der Geist offenbart – jetzt verdunkelte sich die geistige Welt mehr und mehr, als einzelne Erdenpersönlichkeit fühlte sich der Mensch.

Mit der Blutsvermischung war die Möglichkeit zum Egoismus gegeben. Das alte Gruppen-Ich, das als göttliches Wesen von jedem Gliede des Stammes gefühlt wurde, war geschwunden. Irdisches Ichgefühl entflammte dem Blut, das nicht mehr Ausdruck eines Göttlichen war. Egoismus ergriff die Menschheit.

Die alte Blutsreinheit ist für immer der Menschheit verloren. Erneuerung des Blutes kann nur durch den Geist geschehen. Von innen her, aus der Seele, kann heute das Blut gereinigt werden, indem der Mensch sich in seinem wahren Ich erlebt, vom Ich aus an sich arbeitet.

Neue Ichheit hat sich im Mysterium von Golgatha in die Menschheit ergossen, als das Blut aus den Wunden floss. Indem Paulus das, was sich so der Menschheit mitgeteilt hatte, in sein Inneres aufnahm, konnte er sagen: «Nicht ich» – nicht das losgelöste Erden-Ich, das dem Egoismus verfallen muss – «sondern der Christus in mir».

Die Kräfte des Egoismus hatten Christus die Wunden zugefügt. Egoistische Ichheit kämpft gegen die göttliche Ichheit, die sich mit der Menschheit seit jenem Geschehnis auf Golgatha verbunden hat. Aber nicht ein Mal nur geschah diese Verwundung. Auf unsichtbare Weise geschieht sie durch jede egoistische Handlung der Menschen. Derjenige, der die unsichtbaren Regionen durch die Einweihung schauen lernt, dem erscheint auf bestimmter Stufe der große verwundete Mann, er lernt erkennen, was die Menschheit dadurch der Christuswesenheit zufügt, dass sie bei ihrer engen Ichheit, dem Egoismus bleibt, deren Auswirkung Zerstörung ist, und nicht sich dazu aufzuschwingen vermag, aus ihrer wahren Ichheit, aus geistiger Sonnenkraft heraus zu handeln, die sich kulturschöpferisch, liebe-schöpferisch betätigt.

Diese Welterneuerungskraft trägt das Blut, das den Wunden entströmte, in sich. Der Gottesfreund darf es am Herzen des Christus in sich saugen. Dadurch wird ihm die Kraft zuteil, das eigene Blut aus diesem göttlichen Quell in sich zu erneuern. Das Beschenktwerden mit dem Tüchlein ist ein Bild dafür, dass diese Fähigkeit ihm verbleibt. Dem Eingeweihten dieser Stufe werden die eigenen Schmerzen gering, und die eigenen Wunden heilen im Denken an die Verwundungen, die der Christussonnengeist erleidet, seit er sich mit der Erdenmenschheit verbunden hat.

Eine weitere Zeit strenger Übungen – fünfzehn Wochen dauernd – folgt diesem Erlebnis; denn auch dieses vermochte die Seele des Gottesfreundes nicht zufriedenzustellen. Nach Verlauf dieser Zeit ereignet sich Neues auf seinem Geistesweg.

«Ich ward wiederum verzücket und ward geführt in ein schönes, lichtes, liebliches Haus, das war voller Glast und lichtem Schein, den ich kaum ertrug; und allenthalben war das Haus erfüllt von schönen minniglichen Jungfrauen, die trugen Kränze von roten Rosen auf ihren Häuptern. Und unter allen diesen Jungfrauen war eine über alle Maßen schöne herrliche Frau. Sie saß auf einem herrlichen Sessel und hatte auf ihrem Schoss ein liebliches, leutseliges Kindelein – und es sprach die schöne Frau zu mir: «Sieh, lieber Freund, dies schöne Kind, das ist mein Kind und ist Dein Gemahl, um dessen willen Du der Welt Abschied gegeben hast.» Da nahm sie ein schönes Ringlein von ihrer Hand und gab es dem Kind in seine Hand und sprach: «Mein Kind, stoß dieses Ringlein Deinem Gemahl an den Finger zu einer rechten Freundschaft, dass er Dir etwas nachgehe desselben Weges, den Du ihm vorgegangen bist.» Das Kind war gehorsam und tat, was die Mutter geheißen. Und sogleich, wie der Ring an meinen Finger gestoßen war, da machten Mutter und Kind ein Kreuz über mich und alsbald verschwand das Gesicht.»

Vom Ringlein, das ihm verblieb, empfing er große Kraft und Freude, so schreibt der Gottesfreund.

Das Bild der Jungfrau, die das Kind auf ihrem Schoß

trägt, lebte in allen Mysterien seit Urzeiten. Es deutet auf das Geheimnis der menschlichen Seele.

Schon in den Einweihungsstätten Ägyptens schaute der Eingeweihte Isis, die göttliche Mutter, die Gebärerin des Horusknaben. Unendliche Tiefe liegt in diesem Bilde beschlossen. Der Mensch ist als seelisches Wesen der Welt gegenübergestellt. Durch die Sinne ist die Seele mit der Welt verbunden. Wie Fühlhörner erstreckt die Seele ihre Sinne in die Leibesorganisation hinein, ihr «Seelenleib» berührt sich in den Sinnen mit dem Weltenleib, der ganzen äußeren Natur. Verzaubert ruht in der Welt das schöpferische Geistesprinzip, das Wesenhafte, das die gesamte Erscheinungswelt schöpferisch hervorgestaltet hat; es ist in ihr in den «Endzustand» des Wesenhaften eingetreten. Verdichtet breitet sich der Geist als Natur rings um die Seele, und die Seele des Menschen ist der einzige Ort, wo er neu geboren werden kann. Zwei Möglichkeiten hat die Seele, sich der Welt gegenüber zu verhalten. Sie kann trachten, sich selbst zum Spiegel zu gestalten der Welt, wie sie äußerlich sich darbietet. Aber die Welt ist «alt» geworden und die Seele, die sich beschränken würde darauf, die Welt zu betrachten, würde gleichfalls alt werden. Rein äußere Wissenschaft bringt der Seele den Tod.

Aber die Seele des Menschen birgt in sich ein Geheimnis. Das wurde dem Eingeweihten bekannt. Es kann die Seele sich auch anders in der Welt verhalten. Sie kann sich durch alles, was von außen an sie herandringt, befruchten lassen zu höherer Erkenntnis. Das ist dann eine Erkenntnis, die nicht nur widerspiegelt, was schon da ist, sondern die schöpferisch sich in der Welt auswirken kann. Dann regen sich in der Seele, ins Geistige gewandelt, dieselben Kräfte, die im mütterlichen Organismus schaffend wirken, wenn der Keim sich entwickelt und heranreift zur Geburt. Die Kräfte, die am Kinde schaffen im Mutterleib, sie wandeln sich ins Seelisch-Geistige. Dann wird die Welt, die äußere Natur, zum Vater, die Seele selber zur Mutter, in der höheren Erkenntnis wird geboren der Sohn. Die bloßen «Spiegelgedanken» wandeln sich in schöpferische Erkenntnis, die den Willen befeuert und den Menschen zu einem schöpferischen handelnden Wesen macht, das den Weltprozess weiterführt, der ohne ihn ersterben müsste. Diese Kindheitskräfte im Schoße der Seele gilt es zu erkennen, mit ihnen muss sich der Mensch vermählen, er muss selber diese im Kinde schaffenden Kräfte in sich bewahren können.

Davon spricht Novalis in seinen Marienliedern:

Darf nur ein Kind dein Antlitz schaun
Und deinem Beistand fest vertraun,
So löse doch des Alters Binde
Und mache mich zu Deinem Kinde:
Die Kindeslieb und Kindestreu
Wohnt mir von jener goldnen Zeit noch bei.

Nicht ist gemeint, dass der Mensch in falscher Weise in das Alter hinein kindlich bleiben soll. Soll er «richtig» alt werden, so muss er die Todeskräfte, die die Welt an ihn heranträgt, in sich aufnehmen, aber er muss sie wandeln können durch die Kindheitskräfte, die vor seiner Geburt und in den ersten Lebensjahren an ihm gearbeitet haben. Diese reinen Kräfte nur können, in der Seele erlebt, das Gefäß des Christus sein, der das weltenschöpferische Prinzip selber ist. Das ist in jenen Worten des Christus gemeint: «Wer dieses Kind aufnimmt, der nimmt mich auf.»

Das Ringlein, das der Gottesfreund vom Kind erhält «zu einer rechten Freundschaft», deutet uns seine Vermählung mit diesen Kindeskräften an. Um ihretwillen hat er der Welt Abschied gegeben.

Diese Welt hätte, so wie sie geworden ist, die Kindeskräfte in seiner Seele verdorben. Nun aber wird sie in seiner Seele neugeboren. Davon spricht dieses wunderbare Bild.

Zu einem gewaltigen Drama gestaltet sich der Erkenntnisweg des Gottesfreundes. Mit aller Seelenkraft erstrebt er die Wiederholung des Erlebens in seinem Anfang, weil es alle anderen Erlebnisse und Einweihungen überragt. Nach dem Verlaufe eines Jahres, am gleichen Tag wie im Jahr zuvor, wiederholt sich in ihm das Urerlebnis. Es ist so tief und unaussprechlich, dass nichts darüber berichtet wird. Wiederum ertönt in seinem Innern die göttliche Stimme: Sie bringt ihm eine Beurteilung des bisherigen Schulungsweges. «Nun blick auf Dich selber, was Du getan hast. Du hast dies ganze Jahr ‹gemutet und begehret›, dass Du Gott selber sehen möchtest. Nun sieh, Gott hat es Dir gewährt und Du *hast* ihn gesehen. Aber ich will dir sagen, wie du ihn gesehen hast. Du hast ihn so gesehen, als ob du lägest in einem tiefen Turm gefangen und nur zu einem Fenster ganz oben in dem Turm die Sonne hereinschiene, so gibt es unten im Turm nur geringen Glanz, davon dein Herz ein wenig wohl erfreut sein mag. So hat auch Gott nur einen Strahl von sich ausgesandt, den Deine Seele gesehen hat ... Dass sie davon so froh geworden ist, das ist kein Wunder, denn ein jegliches Wesen liebet seinesgleichen. Nun ist die Seele nach Gott gebildet, deshalb kann auch die edle, minnende Seele sich mit nichts begnügen, das geringer als Gott ist.»

Eine neue große Aufgabe wird nunmehr dem Gottesfreund übergeben. Deshalb spricht die göttliche Stimme wieder zu ihm: Du bist noch nicht ganz «bewährt». Und es wird ihm weiter bedeutet, dass er von nun an jede Schulung und Askese, die dem *eigenen* Vorsatz entspringt, unterlassen soll. Ihm werde nun gezeigt werden, was «inwendige» Übung sei. «Nun sieh, dass Du an Dich nehmest und lernest Abrahams Gehorsam und Hiobs Geduld und Hiobs Beständigkeit.»

Mit einem Opfer beginnt der Gottesfreund die Zeit der neuen Schulung. Auf inneres Geheiß opfert er die errungenen Fähigkeiten auf. In bildhafter Weise wird es uns mitgeteilt: «Da war ich sogleich gehorsam, und nahm meine lieben Birnen und mein liebes Tüchlein und mein schönes liebes Ringlein und machte ein heimliches Feuer und verbrannte es alles miteinander.» Das «heimliche Feuer», die flammende Opfergesinnung in seinem Herzen, lässt ihn keinen Gebrauch weiterhin machen von den errungenen göttlichen Kräften. – Und es folgen nun vier Jahre der Bewährung, in welchen der Gottesfreund eingeweiht wird in alle Mächte, die in der Welt den schöpferischen Mächten entgegenwirken in negativem Sinne. Ihre Wirkungen auf den Menschen lernt er nunmehr erkennen. Es ist keine theoretische Erkenntnis, sondern durch innere Leiden und Schmerzen wird sie gewonnen.

Das ganze nun folgende Jahr hindurch war sein Blick hingewandt auf die Schwächen, die Verfehlungen der eigenen irdischen Persönlichkeit. «Ich konnte nichts anderes in mir finden, als dass ich in die ewige Hölle fahren müsste.» So erlebte der Gottesfreund, wie die Seele des Menschen in ihrer Unvollkommenheit den Mächten des Abgrundes überliefert ist.

Freiwillig hatte er die göttlichen Kräfte in seiner Seele geopfert. So lernte er jetzt den Zustand aller der Menschen kennen, die im Leben nicht dazu kommen, inneren Halt dadurch zu finden, dass sie ihr wahres Ich in sich erwecken.

Im zweiten Jahre musste er alles erleben, was zu Grunde liegt der Krankheit. Am eigenen Leibe musste er dieses erfahren. Krankheit hat ihren Ursprung im Seelischen des Menschen. Schon das gewöhnliche Bewusstsein, unsere Sinnes- und Nerventätigkeit, ist begleitet von Abbau-Vorgängen in unserem Organismus, dazu kommen die Verfehlungen der menschlichen Seele, deren Auswirkungen der ätherische und physische Leib zu tragen haben. Zerstörende Kräfte sind es, die dem Schauenden sich zeigen als «böse Geister». «Mir war, als wäre mein Leib ein Nest der bösen Geister und fuhren mir zum Munde und zu der Nase, und zu den Augen und Ohren aus und ein, wie die Bienen in ihrem Bienenkorb zu den Löchern aus und ein fliegen.» Bei Tisch und im Schlafe verließ ihn dieses Erlebnis nicht und er fürchtete oft, «von Sinnen» zu kommen.

Das dritte Jahr ließ in seinem Innern rege werden, alles was an Zweifelskraft die Seele in sich entwickeln kann. Besonders griff der Zweifel in ihm alles an, was mit dem Inhalt des Christentums zusammenhängt. In all dem erlebte er keinerlei Trost, denn er konnte es keinem Menschen sagen oder klagen.

Das vierte Jahr gab ihm unmäßiges Leiden. In eigentümlicher Weise wird uns hierüber berichtet: «Alle Kreaturen, redlich und unredlich, was je in der Zeit geschaffen war, eines nach dem andern, musste ich mit großer Versuchung durchleiden, und was mir noch unbekannt war, das wurde mir nun zu schauen gegeben. Und dazu wurde ich besonders gepeinigt durch große Versuchung in himmlischen Bildern.»

Was erlebte der Gottesfreund in diesen vier Jahren? Er hatte die göttlichen Kräfte geopfert, als er in diese Schulung eintrat. Dadurch teilte er nunmehr das Schicksal der Menschen, die nicht den Christus finden konnten, die dadurch ausgeliefert sind jenen Mächten, die entgegenwirken dem eigentlichen Sinn der Menschheitsentwicklung.

«Es handelt sich nicht nur um einen Kampf mit Fleisch und Blut, sondern mit himmelsgewaltigen Geistesmächten, die in der Finsternis wirken», so spricht es Paulus im Brief an die Epheser aus.

Zwei Mächte sind es besonders. Anthroposophie lehrt sie uns heute neu erkennen. Die eine Macht wirkt im Innern der Seele. Sie wirkt vom Blute aus. Sie hat den Menschen losgelöst aus alter Gebundenheit an das göttliche Stammesprinzip, hat ihn zu einem freien Wesen gemacht, hat in ihm Persönlichkeitsbewusstsein erweckt, ihn aber auch zum «Egoisten» gemacht. In jeder Leidenschaft ist sie zu finden, in jedem Aufschwung der Seele, in jedem Rausch. Sie zieht den Menschen von seiner Erdenpflicht, macht ihn unbeständig, denn er sucht die Lust. Erdenflucht regt sie in seiner Seele an, Erdennot will sie ihn vergessen lassen, Träume zaubert sie ihm vor die Seele, «himmlische Bilder», durch die der Mensch die Wirklichkeiten vergessen soll. Hochmut entzündet sie im Innern. Aber sie wirkt auch als Antrieb zu höherem Streben. Im künstlerischen Suchen und Schaffen ist sie zu erkennen.

Die andere Macht, die den Menschen bestrickt, wirkt nicht flammend im Blut. Sie hat alles ergriffen, was im Menschen zum Tode neigt, besonders das Nervensystem. Auch sie ist eine große kosmische Macht. In der Natur entsteht unter ihrem Einfluss alle Verdichtung, Verhärtung. Wenn weiche Ursubstanz zum Fels erstarrt, wenn Wasser gefriert und zu Eis wird, so sehen wir ihre Wirksamkeit. Sie wirkt in den Sinnesprozessen und lässt dem Menschen ersterben die Wahrnehmung des *Lebens,* so dass er nur sieht das Gewordene. Einen Schein, eine große Täuschung breitet sie rings um den Menschen aus, denn die «Wirklichkeit», das *Wirkende* verbirgt sie ihm. Sie verbirgt dem Menschen den Ursprung seiner Intelligenz. Offenbarungen aus der Welt waren dem Menschen früherer Zeiten seine Gedanken. Heute glaubt der Mensch, er *selber* ist es, der die Gedanken in sich erzeugt. Kalte, glänzende Intelligenz lässt diese Macht im Menschen sich entfalten. Wo Menschlichkeit walten sollte, wirkt Berechnung, die eigenem Verstande entspringt. Sie will das Denken der Menschen loslösen von der Kraft des Herzens. Zerstörung, Vernichtung geht von ihr aus. Die Zweifel an allem Göttlichen lässt sie in der Seele entstehen. *Nur* Erdenwesen sollen die Menschen werden und ihre kosmisch-geistige Heimat vergessen.

Die eine Macht, die in «himmlischen Bildern» die Seele versucht, die im Blute wirkt, nennt Anthroposophie in Übereinstimmung mit früheren Zeiten «Luzifer». Die andere kannte schon der große Eingeweihte Persiens, Zarathustra, als diejenige, die «in der Finsternis» wirkt, als den großen Gegner des Sonnengeistes Ahura Mazdao. Er nannte sie «Ahriman».

Der Wirksamkeit dieser beiden Mächte ist die Menschheit ausgesetzt. Kein Mensch kann ihnen entgehen. Sie müssen erkannt und durch Erkenntnis überwunden werden. Was sie der Menschheit zufügen, die ihren Wirkungen gegenüber blind ist, musste der Gottesfreund in diesen vier Jahren seines Einweihungsweges an sich selber erfahren. Diese innerlichen Übungen, die er auf sich nahm, verbanden ihn mit dem Schicksal der ganzen Menschheit. Wieder schaute er das Licht der geistigen Welt und die göttliche Stimme redet mit ihm:

«Nun bist Du erst den rechten Minneweg gegangen. Jetzt bist Du ganz bewährt, dass Du nun völlig mein Gemahl heißest. Und du sollst wissen, dass ich so verkehre mit meinen allerliebsten Freunden, wie ich mit dir verkehrte in diesen vier Jahren. – Nicht sollst Du fürderhin Dir strenge, harte Übung auferlegen wie bisher, denn Deine Übung und Dein Kreuz wird immerdar nur darin bestehen, dass Du mit Deinem erleuchteten erkennenden Unterscheidungsvermögen Deine Mitmenschen sehen wirst, wie sie gehen gleich verirrten Schäflein unter den Wölfen.»

Was im wahren Sinne Mit-Leid bedeutet, was Liebe bedeutet – der Inhalt der großen Lehre des Buddha – war in dem Gottesfreund Wirklichkeit geworden.

Jetzt war der Augenblick. gekommen, in welchem der Gottesfreund seine eigentliche Sendung aufnehmen konnte, ein Führer derer zu werden, die an jener Weltenwende im Beginne der Neuzeit den Geist suchten. Niemand, der ihm begegnete, konnte wissen, was in der Seele dieses schlichten Mannes, der sich unter dem einfachen

Volke hielt, lebte. Denn nur, wenn es das Schicksal forderte, offenbarte er sich einem Menschen. Dann ließ er ihn teilnehmen in intimer Weise an dem, was er in diesen fünf Jahren «seines Anfanges» an Geistesreichtum in seine Seele aufgenommen hatte.

So begegnete er den für das geistige Leben bedeutendsten Menschen seiner Zeit.

Die Begegnung mit Rulman Merswin und die Begründung des Grünen Wörth in Straßburg

Das Schwergewicht der Entwicklung lag im ausgehenden Mittelalter bei den aufstrebenden Städten. Die alte Adelsherrschaft trat mehr und mehr zurück. Die wichtigsten Persönlichkeiten fand man in den Kreisen des edleren Bürgertums. Zu diesen gehörte Rulman Merswin, ein Kaufmann aus angesehenem Patriziergeschlecht in Straßburg. Die schweren Verhängnisse, die über die Menschen der damaligen Zeit hereinbrachen, das Bedrückende, das feiner empfindende Naturen erleben mussten, indem sie dunkel das Heraufkommen der Neuzeit empfanden, die sich ihnen wie hinter einem undurchdringlichen Vorhang verbarg – rief in diesem Menschen eine innere Entwicklung hervor, durch die er in ein intimes Freundschaftsverhältnis zum Gottesfreund gelangte. Von diesem Verhältnis wird uns in vielen Briefen erzählt, die der Gottesfreund ihm vom Oberland nach Straßburg sandte. Sie geben das schönste Zeugnis von dem innigen Band, das Menschen verbindet, die den Fortgang der Menschheitsentwicklung zu ihrer eigenen Angelegenheit gemacht haben. Wie dieser Freundschaftsbund entstand, ist uns von Rulman Merswin selbst erzählt, in einer Handschrift, die beigefügt ist dem «Briefbuch», in welchem die Johanniter vom Haus zum Grünen Wörth die Briefe des Gottesfreundes zusammenstellten.

«Dies kleine Sechssternlein-Papier» – so lautet die Notiz, welche ein Johanniter dazufügte,[15] – «mit den acht Blättern ist dasselbe Buch Rulman Merswines, unseres Stifters eigene Hand, sowie er es selber schrieb und schreiben musste, von den vier Jahren seines anfangenden Lebens, aus Gehorsam Gottes und seines heimlichen Gesellen, des lieben Freundes Gottes im Oberland – wie es die Brüder von St. Johannes Orden fanden nach Rulmans Tod in einem beschlossenen Kästlein und sein eigen silbern Ingesigel auswendig an dem Coopertorio hangend an St. Marien Magdalenen Tag anno domini 1382.»

In diesem Büchlein erzählt Rulman Merswin von sich selber, – es war im Jahre 1347, dass er «aller Kaufmannschaft und allem Gewinn Abschied gab», und sich aus den Kreisen, in welchen er bisher verkehrt hatte, zurückzog, in der schlichten Meinung, seine Sünden zu bessern. Da ging er im Spätherbst – es war nahe auf den St. Martins-Tag – gegen Abend in seinen Garten, um in der Stille zu beten.

Indem er so auf- und abging, trat die Schwernis seiner Zeit vor sein Bewusstsein, und er sann darüber nach, was wohl seine Aufgabe in der Welt sei. Er musste vergleichen die große Liebe Gottes zu der Menschheit, und die kleine Liebe, der er selber in seinem Leben bisher fähig gewesen

15 Bezieht sich auf das Wasserzeichen des Papiers.

war. Er rief die Gottheit mit aller Seelenkraft an – da kam ein «jähes» klares Licht, das ihn umfing und ihn über sich hinaushob, so dass er sich über der Erde schwebend erlebte, und Worte ertönten aus dem Licht. Als er wieder zu sich kam, fand er sich wieder im Garten allein – Minnetränen entströmten seinen Augen.

Mit diesem Erlebnis begann eine Zeit strengster asketischer Übungen, die ihn nahezu in Todesnot brachten. «Da nahm ich den Tauler zu einem Beichtvater». Der aber kannte die Wirkung solcher Übungen, und hatte wahrgenommen, dass Rulman durch sie krank geworden war; «und er gebot mir bei Gehorsam, dass ich mich in keiner Übung mehr üben sollte, denn er fürchtete für mein Haupt – und machte mir ein Ziel und ich musste gehorsam sein.» Eine Zeit von vier Jahren verging – in welcher sich abwechselten geistige Offenbarungen und schwere Not, die seine Seele im Kampf mit Krankheit und inneren Versuchungen durchleben musste. Im Münster von Straßburg sehen wir ihn während einer Predigt unter der Menge der Zuhörer, Schwäche überfällt ihn, er nimmt seinen Kugelhut vor die Augen – da kommt er in ein geistiges Erleben und er gewinnt Aufschluss im Bilde über das Wesen der Trinität.

Ein andermal ist der Arzt bei ihm, um ihm zur Ader zu lassen. Der Anblick des eigenen Blutes erinnert ihn an das Blut, das Christus auf Golgatha vergossen hat. Er kommt in diesem Anblick von sich – erlebt die geistige Welt – und ist nur mühsam wieder zum äußeren Leben zu erwecken.

Immer stärker wurde das geistige Licht in ihm. Ein höheres Erkennen hielt Einzug in seiner Seele, so dass er am Beginne des vierten Jahres von sich sagen konnte: Also geschah es in mir, wenn ich einen Menschen ansah, dass ich in der lichtreichen Gnade wohl etwas sah, wie es um ihn stand. – Von allen diesen Dingen vermochte er noch mit niemandem zu sprechen «nicht ein einziges Wort», so schreibt Rulman, «bis zu der Zeit, wo es Gott haben wollte. Da gab Gott einem Menschen in den Oberlanden zu verstehen, dass er zu mir herab kommen sollte. Als *der* Mensch kam, da gab mir Gott, dass ich mit ihm von allen Dingen wohl reden konnte, und derselbe Mensch war der Welt ganz unbekannt. Er wurde aber mein heimlicher – mein vertrauter Freund und ihm ließ ich mich zu Grunde an Gottes Statt.»

So kam auch, wie vorher zu Tauler, dem Meister der Heiligen Schrift, zu Rulman Merswin der Gottesfreund auf inneren Ruf. In Rulman hatte auch er einen Menschen gefunden, dem er intime Erlebnisse anvertrauen durfte. Er schrieb für ihn die Erzählung seiner eigenen Einweihung auf, die er in fünf Jahren erhalten hatte, und erbat sich von Rulman die Darstellung seines «anfangenden Lebens».

Rulman Merswin blieb in Straßburg, der Gottesfreund kehrte in seine Heimat zurück. Doch ein tiefes inneres Band war geschlungen, das den weiten Raum überbrückte, der beide voneinander trennte. Sie hatten gleiche innere Gesichte zu gleichen Zeiten, selbst physische Schmerzen teilten sie zur gleichen Stunde.

Auf wunderbare Weise zeigte sich diese innere Verbundenheit bei der Begründung des Hauses zum Grünen Wörth in Straßburg. Davon erzählt der Gottesfreund dem Komtur dieses Johanniterhauses in einem Brief, zugleich um ihm zu zeigen, dass dieses Haus, das die Johanniter vier Jahre nach seiner Begründung übernahmen, aus dem *Geiste* heraus begründet worden war und nicht aus menschlicher Willkür.

«Nun sollt Ihr wissen, viel lieber Freund, dass Rulman und mir, uns beiden gleich, in der Nacht des lieben Sankt Dionysius in einem ‹schlafenden Traume› geträumt hatte, dass wir sollten beide einander helfen und sollten sehen, dass wir zu Straßburg ein Kloster machten. Nach diesem Traum fuhr ich in zehn Tagen hinab zu Rulman und fragte ihn sogleich, ob ihm vor kurzer Zeit etwas Seltsames geträumt hätte. Da sprach er: Ja, und sagte mir, dass er in derselben Nacht den gleichen Traum gehabt habe unten in Straßburg wie ich hier oben.»

Aber beide Freunde hielten nicht viel von diesem Traum. Denn sie hatten sich früher schon oft miteinander über dieses besprochen, und nie etwas anderes gefunden, als dass die Zeit vorüber sei, neue Klöster zu gründen. «Fände man nur Menschen, die in Klöster gehörten, man fände Klöster genug.»

Weiter schreibt der Gottesfreund:

«So geschah es danach, zu der nächsten Weihnacht, in derselben lieben heiligen Christnacht auf die Mitternacht, dass wir beide, er dort unten und ich hier oben, zugleich in der Natur (d. h. am Leibe) in solches Leid und Weh kamen, dass wir beide wähnten, dass wir in Todesnot seien. Und in diesem Leiden hatten wir so deutliche Offenbarung, dass wohl zu glauben war, dass wir ein Kloster zu Straßburg zu gründen hätten. So ist der Grüne Wörth entstanden.»

Als sich die Freunde entschlossen hatten, diese Stätte zu begründen, waren sie sogleich von aller Krankheit und Schwäche frei. Ein Haus der «Zuflucht» sollte es sein, für solche Menschen, die den Weg zum Geiste suchten – die ihn aber in *freierer* Weise gehen wollten als es sonst in jener Zeit möglich war.

Eine neue Zeit dämmerte herauf. Man ahnte sie, konnte sie aber noch nicht voll erleben. Neue Kräfte regten sich, für welche die alten Gefäße zu eng geworden waren. Altes war im Schwinden – neue Wege noch nicht gangbar. Es war für die geistig strebenden Menschen eine unendlich schwere Zeit. – Heute ist durch Anthroposophie ein Weg zu höherer Erkenntnis gewiesen, der dem Menschen ermöglicht, neben seiner Tätigkeit in der Welt zugleich den inneren Weg zu gehen. Damals war es noch eine Notwendigkeit, dass sich der Mensch vom äußeren Leben zurückzog – der Neuzeit ist dieses nicht mehr entsprechend. Die Gegenwart fordert auch vom Geistessucher ein Darinstehen in äußerer Wirksamkeit.

Rulman Merswin gab sein Vermögen dazu her, ein ehemaliges verfallenes Kloster zu kaufen und herzurichten. Es lag unmittelbar vor den Mauern der Stadt auf einer einstmals grünen Insel, dem «grünen Wörth» der Ill. Im 12. Jahrhundert war es von einem Ritter «Werner von Hüneburg» gestiftet worden. Er hatte mit Straßburg in einer Fehde gelegen, aber durch innere Erleuchtung, die ihm zeigte, dass sein Kampf kein gerechter war, hatte er eine Sinnesänderung erfahren und zur Sühne dieses Kloster gebaut, das der Heiligen Dreifaltigkeit geweiht wurde. Einen Schwan trug er in seinem Wappen. – So war diese Stätte ein Symbol für jenen Übergang in der Menschheitsentwicklung, durch welchen die Adelsherrschaft durch das aufblühende Städtewesen abgelöst wurde. – Im Jahre 1367 konnte das neugebaute Haus schon geweiht werden. Es sollte nach des Gottesfreundes und Merswins Willen ein Haus sein, das allen Menschen, nicht nur Klerikern, sondern gerade den Laien zur Verfügung stehen sollte, «denen die Gnade zuteil wurde, seien es Ritter oder Knechte oder ehrbare Bürger, dass sie ihr Leben gerne bessern wollten.» Nach vier Jahren übernahm das Haus der Orden der Johanniter – der aber durch besondere Abmachung mit dem Großmeister in Rhodos alle Freiheiten dem Hause ließ, so wie es im Sinne des Stifters war. Hier lebte fortan Rulman Merswin in einer kleinen Bruderschaft in Freundschaft mit den Johannitern. – Hier schlug auch später seine Wohnung auf der Ordensmeister «in deutschen Landen» Conrad von Brunsberg.

Oft sandte der Gottesfreund vom Oberland Briefe zu Rulman herab durch seinen Boten «Ruprecht», auch

Briefe an die anderen, an den Komtur des Johanniterhauses, an einen Lesemeister des Ordens von St. Augustinus, – an Menschen, die von ihm gehört hatten und mit ihm bekannt geworden waren.[16]

So war hier eine Stätte geschaffen, in deren Mitte ein Eingeweihter wirkte, der in inniger Freundschaft mit einem noch größeren Eingeweihten lebte. Sie war ein Geisteszentrum im aufstrebenden Straßburg – zugleich ein geistiger Mittelpunkt für den Orden der Johanniter-Ritter in «Deutschen Landen». Hier konnten Menschen, die große Verantwortungen trugen, eine Urteilsbildung über die Vorgänge in der Menschheit kennenlernen, die aus tiefem Miterleben dieser Vorgänge und aus höherer geistiger Einsicht geschöpft war.

Rulman Merswin hatte auf seinem inneren Weihe-Weg einen besonders gearteten Einblick in die Menschheitsentwicklung erhalten. Eine gewaltige Folge geistig erlebter Bilder entfaltete sich vor seinem inneren Schauen. – Es heißt, dass, als dieses Erleben über ihn kam, er sich dieser Bilder erwehren wollte, aber eine innere Stimme sagte zu ihm: «Wehre diese Erscheinungen nicht ab; Du musst

16 Diese Briefe und eine Reihe von Büchlein, vom Gottesfreund und von Rulman Merswin geschrieben, wurden hier von den Brüdern gesammelt und bald nach Merswins Tod in schöner klarer Handschrift in einige große Bücher zusammengeschrieben und als ein Heiligtum im Orden aufbewahrt. Der Tatsache, dass diese Bücher erhalten sind, verdanken wir die Kenntnis vom Gottesfreund.

sie bis zu Ende sehen, oder sie werden Dich verfolgen bis an Deinen Tod.» Und weiterhin bedeutete ihm die innere Stimme, dass er alles Erlebte niederschreibe; aber auch dagegen wehrte er sich elf Wochen hindurch aus Demut: «Ach Herzenslieb», so war seine Rede zu Gott, «ich weiß, dass Du viele Lehrer hast, die es vorbringen dürfen und können; aber ich, der ich doch nur eine arme Kreatur bin, kann es nicht vorbringen der heiligen Christenheit.» Was er schließlich von Gott bezwungen niederschrieb, bildete das «Büchlein von den neun Felsen».

«Nun tu auf Deine inneren Augen und sieh, wo Du nun bist.» So sprach die Stimme in seiner Seele. «Bei dem Worte sah der Mensch (der Schreibende nennt nicht seinen Namen) ein wunderliches Gebirge. Das war gewaltig groß, hoch und weit, und zu oberst des Gebirges war ein tiefes Wasser, wie ein See oder Meer, das gar lauter anzusehen war; und in dem Wasser schwammen seltsam viele Fische, große und kleine. Darauf ward ihm gezeigt, dass die großen Wässer an einem Ende der Hochfläche ausflossen in das Gebirge. Und als sie an den Rand desselben kamen, da fielen sie über die hohen Felsen, nieder zu Tal, so dass sie wie zu Staube wurden; und das Wasser schrie entsetzlich, indem es je von einem Felsen auf den andern fiel, so dass dem Menschen gar sehr grauste; denn es war schrecklich anzusehen und zu hören. Und er sah, dass die Fische sich oben auf dem Gebirge zusammenmachten in solcher Menge, dass es über alle Vorstellung ging, und sie fielen dann alle zusammen mit dem Wasser über die hohen Felsen, je von einem Felsen auf den andern herab ins Tal.

Da sprach der Mensch im Grund seines Herzens: Herzenslieb, sag mir, was bedeutet es, dass diese großen Fische sich so gesammelt haben und dann allzumal mit dem Wasser hinabfallen über den hohen Felsen?

Die Antwort: Dieses große Gebirg hat Gott geschaffen und geordnet, dass es der Fische Ursprung sein soll und die Fische haben das von Natur, wenn sie ihre natürliche Vollendung erreicht haben, dass sie sich zusammenmachen und gegeneinander streiten und mit dem Wasser hinabfallen.

Der Mensch: Allerliebstes, wohin kommen sie dann, oder landen sie? Der Mensch sah, dass die Fische in dem Tal forttrieben mit dem fließenden Wasser, und je weiter sie flossen, je weniger wurden ihrer; denn überall waren ihnen Netze gestellt, so dass ihrer je einer nach dem andern gefangen ward. Und sie schwammen durch alle Wässer hin, bis ans Meer und durch dieses schwammen sie auch. Da schien es, als ob ihrer kaum noch die Hälfte da wäre; die anderen waren alle gefangen worden, dieweil sie unterwegs so unbedachtsam und unvorsichtig dahinschwammen.

Mit großer Verwunderung sprach der Mensch: Es scheint, dass diese Fische an das Ende des Meeres gekommen sind und nicht mehr weiter können.

Die Antwort: Das ist wahr; sie haben sich bis in die äußerste Ferne verlaufen, und ihrer werden nur so wenige zu ihrem Ursprung zurückkommen, dass es Dich wundern soll.

Und er sah, dass sie wieder umkehrten und durch das Meer schwammen und durch alle die Wässer. Je näher sie kamen, je weniger wurden ihrer, denn überall gerieten sie in die Netze, deren viele in dem Wege waren. Und es schien, dass von tausend kaum einer bis an den Berg zurückkam.

Darauf sah er, wie sie anfingen, den Fall des Wassers hinauf zu springen gegen die Höhe des Berges zu; und sie sprangen lange, bis sie an den nächsten Felsen kamen; und so sprangen sie dann von einem Felsen immer weiter auf den andern. Aber ihrer fielen gar manche wieder zurück auf den unteren harten Felsen – und fielen sich tot, also dass ihrer immer weniger wurden. Diejenigen aber, die am Leben blieben, die klommen fortwährend weiter bergaufwärts gegen das fallende Wasser an, und trieben das so lange, bis sie hinaufkamen über viele hohe Felsen. Als sie die alle mit großen Nöten überklommen hatten, da kamen sie aber erst an einen gar hohen Felsen.

Der Mensch: Allerliebster, müssen die Fische auch auf diesen Felsen?

Die Antwort: Ja, sie haben das von Natur, dass sie nicht ablassen; eher würden sie ihr Leben wagen, um wieder zu ihrem Ursprung zu kommen.

Der Mensch sah, dass auch gar viele das wagten und höher sprangen, denn sie wären gern auf diesem hohen Fels gewesen. So oft sie aber aufsprangen, so oft fielen sie wieder zurück und fielen auf den untersten Felsen zu Tod, also dass nur sehr wenige auf diesen hohen Felsen kamen. Und diejenigen, die daraufkamen, liefen von diesem Felsen auf das Gebirg und waren so wieder in ihrem Ursprung. Und als sie wieder in den Ursprung kamen, da schienen sie so recht krank, als ob sie nichts mehr vermöchten.

Der Mensch: Herzenslieb, was bedeutet dieses, dass ihrer nur so wenige heraufgekommen sind, und dass dieselben so recht krank schienen, als ob sie nichts mehr vermöchten?

Die Antwort: Das ist, weil sie so sehr gearbeitet haben bei dem Emporklimmen. Seit sie aber hinaufgekommen, sind sie so recht froh, dass sie wieder zu ihrem Ursprung gelangt sind, und da werden sie vor Freuden schnell wieder zu Kräften kommen. Und so wenige ihrer sind, so werden sie doch so fruchtbar sein und so viele Fische erzeugen, dass alle Wasser auf diesem Gebirge reich werden sollen an Fischen. Wisse auch, dass alle Fische, welche hier auf das Gebirge gekommen sind, anders gefärbt waren; und wenn sie in ihren Ursprung eingegangen sind, so wird ihnen ein anderer Name gegeben.»

Diese gewaltige Überschau der Menschheitsentwicklung bildet den Ausgang des Buches, das dann weiterhin die Verfehlungen der Menschheit schildert, durch alle Stände hindurch vom Papst beginnend und den Kardinälen bis zu den Lehrern, Weltpriestern und Bettelmönchen, von Kaisern und Königen bis zu den Handwerkern und Bauern.

Dann werden dargestellt neun Stufen der christlichen Einweihung als übereinander ansteigende Felsen – auf jedem Felsen die Menschen, die Überwindung geleistet haben und dadurch höher und höher aufgestiegen sind und sich aus dem Garn der Netze, das unten die Felsen und das Land weithin überdeckt – durch ihr Erkenntnisstreben befreit haben.

Von zwei mächtigen Strömungen im Fortgange des Weltgeschehens sprechen diese Bilder. Die Seele des Menschen ist hineinverwoben in den allgemeinen großen kosmischen Entwicklungsgang. Heute leben wir in einer Welt, die nicht mehr in sich trägt göttlich geistige Wesenheit – wenn sie auch zu dem Verständigen allenthalben redet von dem Wirken des Geistes) das ihr zugrunde liegt. Stufenweise hat sich die Natur entfernt von ihrem wesenhaften Ursprung. In den Felsen, in der ganzen äußeren Erscheinung ist die Natur erstarrt, von äußeren Gesetzen ist sie beherrscht, aber selbst der tote Felsen weist noch hin durch seine Faltungen und Wellungen auf eine Zeit, in der er noch weiche, wogende Materie war. So deutet er auf einen Ursprung, in dem noch lebendige Wirksamkeit ihn durchströmte. Die Welt ist heute ein vollendetes Werk, aber sie erzählt von einstiger Wirksamkeit, die in ihr waltete; so lehrt Anthroposophie von der Natur heute denken.

Aus geistiger, schöpferischer Ursprungskraft rein geistiger Wesen offenbarte sich die Welt leuchtend und tönend, dann erst übergehend in strömende Wirksamkeit und auf letzter Stufe erst erreichte sie den Zustand der heutigen Erscheinungswelt, der «Werk» gewordenen Natur.[17] Auch der Mensch hat diesen Herabstieg der Natur von ihrem Ursprung mitgemacht. Er ist mit seinem Leib hineingestellt in die äußere mineralische Erde, trägt in sich härteste Substanz: Die Gesetze der Schwere machen sich geltend in ihm, die Todeskräfte zwingen ihn in ihren Bann. Dies ist der eine große Strom des Weltgeschehens, der herabströmt von den Höhen des Ursprungs, in die felsigen Täler. In ihn ist die Menschenwesenheit so lange hineinverwoben, bis sie ihre «natürliche Vollendung» erreicht hat.

Aber der Mensch trägt an sich nicht nur den Endzustand der Natur. In ihm werden bewegt alle Säfte des Körpers von der strömenden, ätherischen Wirksamkeit des Lebensleibes, – in ihm leuchtet auf Bewusstseinslicht, ertönt die Kraft des Wortes, als Offenbarung des Geistes – das innerste Wesen der Seele, sein Ich, ragt hinauf in die Welt des Ursprungs.

Aber in der zu Selbstbewusstsein erwachenden Seele regt sich das Bedürfnis nach «Freiheit» – sich zu entringen den Göttern des Ursprunges. Zwar ist die «natürliche Vollendung erreicht», aber indem sich die Seelen diesem Strom der Naturwerdung überlassen, stürzen sie mit ihm herab. Dieser Herabsturz vollzieht sich jedesmal, wenn ein Mensch sich inkarniert. Dann verdunkelt sich für ihn die

17 Siehe Rudolf Steiner, *Die Geheimwissenschaft im Umriss.*

Geisteswelt, indem er im Erdenbewusstsein sich wiederfindet – er vergisst das schöpferische Leben mit den Geistwesen des Ursprungs, – er beginnt die irdische Persönlichkeit zu betonen – Egoismus erfüllt ihn – es beginnen die Seelen untereinander zu streiten.

Zwar erlebt sich die Seele jetzt «frei» von den geistigen Wesen, in deren Schoß sie ihren Ursprung hat, doch eine andere Macht wartet auf die Herabstürzenden, sie hat ihre Netze in den Niederungen aufgespannt, in deren Garn sich die Seelen verfangen.

Wenn die menschliche Seele die Kraft verliert, mit ihrem Erkenntnisvermögen zu durchschauen, dass die Welt, die sich dem physischen Auge darbietet, aus göttlichem Wirken herstammt, dass sie ein Werk geistiger Wesen ist – das aber «vollendet» ist, nicht mehr schöpferisch – wenn der Mensch diese Welt für die volle Wirklichkeit nimmt dann unterliegt er der großen Täuschung. Dann weiß er nicht, dass er den anderen Teil der Wirklichkeit in sich selber trägt, in seinem wahren Ich, das selber Wesenheit des Ursprunges ist. Er hat seine wahrhaft geistig-kosmische Heimat vergessen, er hat sich verfangen im Garn der Netze, die jenes irrtumerzeugende Wesen, Ahriman, in seinem Denken ausgebreitet hat. Er hält sich selber nur für ein Erdenwesen und schneidet sich dadurch selber den Rückweg ab.

Bis an das Ende des Meeres schwimmen die Fische. Dort kehren sie wieder um. Alles, was die äußere Sinnenwelt der Seele zu bieten vermag, lernt sie kennen. Nichts aber kann sie wirklich befriedigen, sie will sich in ihrem innersten Wesen ergreifen. Sie strebt mit aller Kraft danach, sich in den Ursprungskräften wiederzufinden.

In dieser Strebenskraft regt sich der andere große Strom, der entgegenwirkt dem Strome, der zur «natürlichen Vollendung» hinführt. Aus dem Ich heraus muss der Mensch sich anstemmen gegen die reinen Naturwirkungen in ihm. Von Stufe zu Stufe springend muss die Seele diese Wirkungen überwinden. Sie muss in ihrem Erkenntnisringen zur äußeren Erscheinung hinzugewinnen das Wesen, das in der Erscheinung sich verbirgt. So soll sie beobachten lernen in der Farbe, die sich dem Auge darbietet, den Kampf von Licht und Finsternis, lernen schauen in der Pflanze, im Tier, in allen Dingen der Natur die sie gestaltenden, sie in die Erscheinung rufenden Wesenheiten.

Wenn aber auf diesem Wege die Seele schließlich zur Einweihung gelangt, so tritt sie wiederum ein als geistiges Wesen in den Bereich der göttlichen Mächte, aber sie hat eine *«andere Farbe»* erhalten. Erdenfarbe, die aber durchleuchtet ist vom Geiste, geistig gewandelte Erdenerfahrung fügt sie dem göttlichen Wesen ein – und ein *«neuer Name»* wird ihr gegeben, denn sie ist als freie Individualität zurückgekehrt, während sie vorher nur ein unselbständiges Glied, ein Werkzeug der Götter war.

So begegnen sich diese zwei mächtigen Ströme im Weltenwerden. Der eine vom Geist drängend zur Offenbarung, zur natürlichen Vollendung -aber auch zur Verdichtung, zum Tod, – der andere, der ihm ständig entgegenwirkt als ein «Strom der Wandlung»; der dem Tode entringt ein neues, höheres Leben, und hinüberführt die gestorbene Welt in eine junge, aufblühende geistige Welt, die aber äußeren Augen verschlossen bleibt, die nur mit inneren, erweckten Seelenaugen zu schauen ist.

In dem weiteren Fortgang des Büchleins heißt es, dass der Mensch, der in den «Ursprung» sehen durfte, es unendlich schwer hat, zu schildern, in Worten oder Bildern, was er dort sah. Und er fragt, wie es kommt, dass er davon weder reden noch schreiben könne. Da wird ihm die Antwort zuteil: «Wisse, als Du in den Ursprung sahest, da entfielen Dir alle geschaffenen Dinge und der Schöpfer ward Dir zu einem Gemahl gegeben: und Du bist gewesen in der würdigen Schule, in welcher der Heilige Geist Lehrmeister ist. Als Deine Seele in diese hohe Schule kam, da sah sie, dass die hohe Schule voller Bücher war, alle voll wahren Lichtes und voll Lehren rechten Urteils und richtiger, wahrer Unterscheidung. Und als Deine Seele dieses sah, da ward sie so unsäglich froh und ihr Verlangen ward so lebendig, dass sie vor Freuden aus sich selber unter diese Bücher sprang und da sich um und um wandte, bis sie recht voll wahren Lichtes ward und wahre Unterscheidungskraft gewann. Und in dieser hohen, würdigen Schule ward Deiner Seele von dem obersten Lehrmeister so viel überströmender Liebesglut geschenkt, dass es überfloss in Deinen äußeren Menschen.»

Auf eine Schule in der geistigen Welt wird hingewiesen,

durch deren Unterricht die Menschen durchleuchtet werden von der göttlichen Weisheit und die Kraft empfangen, sich geisttragend hineinzustellen in den Strom des Lebens.

Solche, die «in den Ursprung sahen», kehren zurück zu denen, die unter dem Garn gefangen sind, um ihnen zu helfen. Andere, die schon eine große Höhe erreichten, aber wieder gefallen sind, sind auch unter dem Garn zu sehen; aber durch und durch schwarz erscheinen sie dem Schauenden und «finster wie der Feind», nur dass sie die Gestalt von Menschen haben. Als falsche Lehrer wirken diese allerschädlichsten Menschen. So wandeln lichte und finstere Menschen nebeneinander im Erdbereich – Repräsentanten der beiden Ströme, des in den Niedergang führenden und des ihm entgegen strömenden nach aufwärts.

Was Rulman Merswin im Zusammenhang mit dem Gottesfreund den Zeitgenossen zuteil werden lassen wollte, indem als Frucht ihrer Freundschaft ein Büchlein geschrieben wurde, wie dieses «von den neun Felsen», das war ein rechtes Unterscheidungsvermögen, eine Beurteilungskraft für die wahren Vorgänge in der Menschheitsentwicklung, die nicht offen zutage liegen, sondern in den Seelen der Menschen beschlossen sind, und nur mit geisterfülltem Blick gesehen werden können. Deshalb mahnt auch der Gottesfreund die jungen Brüder im «Grünen Wörth», sie sollten «spüren nach einem Wild» in ihrer Nähe: «Ach, liebe Brüder, ich habe gedacht, und wäre es der Wille Gottes, so wollte ich, dass ihr nach menschlicher Art so spüren könntet wie es ein Vogelhund kann nach Hundesart – würdet ihr so um Euch suchen, vielleicht könntet ihr ein Wild nahe bei Euch erspüren. Die Zeit ist noch nicht gekommen, dass man offen reden soll. Wer Ohren hat, zu hören, der höre!»

«Es meinte aber der erleuchtete Gottesfreund,» – so besagt eine zugefügte Notiz – «mit des Vogelhundes Spur und mit dem Wild das verborgene heilige Leben Rulman Merswins, unseres Stifters zu dem Grünen Wörth».

Die Bruderschaft im Oberland

Alles geistige Wirken in der Menschheit drängt nach Gemeinschaft. So wie das eine Licht der Sonne sich offenbart im Farbenkreis des Regenbogens: anders im Violett, im Blau, im Grün, anders im Gelb und Rot-denn dort überwiegt die Dunkelkraft, hier offenbart sich reiner das Wesen des Lichtes – wie alle Farben aber sich vereinen in Harmonie zu dem herzerfreuenden Farbenbogen – so erweckt die Geistessonne in jedem Menschen, den sie berührt, einen anderen Farbenton. Melancholie waltet in dem einen, Fröhlichkeit bildet das Gemüt des andern, Zorneskraft umbraust diesen, von Seelenruhe ist jener erfüllt: so bieten die Menschen verschiedene Bedingungen dem Geisteslicht, das sie in ihre Seelen aufnehmen; und das Geisteswirken eines jeden wird Anderes offenbaren. Aber es bedarf der Geist, wenn er sich offenbaren will in der Fülle der in ihm beschlossenen Möglichkeiten, des Harmonie-getragenen Zusammenwirkens.

Um das göttliche Kunstwerk des Menschenleibes zu bilden und zu erhalten, müssen in weisheitsvollem Zusammenklang die einzelnen Organe wirksam sein. Keines kann die Funktion des andern erfüllen. So bedarf es immer, soll ein Kunstwerk der Geschichte, eine Kultur, entstehen, der von Weisheit und Liebe durchdrungenen Menschengemeinschaft. Von einem Geisteslicht müssen alle erfüllt sein. Doch jeder muss es auf andere Weise offenbaren. – Aus einer reifen Erfahrung sind Worte gesprochen, wie sie der Gottesfreund vom Oberland den jungen Brüdern im Grünen Wörth schreibt, damit nicht Uneinigkeit unter sie komme:

«Liebe Brüder, nun haltet Euch friedlich beieinander und keiner ärgere sich an dem andern. Und ist es so, dass einer von Natur zuviel des ‹Luftigen› an sich hat, dass er davon fröhliche Gebärde zeigt, die doch ohne große Sünde ist, so soll sich ein anderer dartun nicht ärgern, der da vielleicht von Natur zuviel ‹der Erden› an sich trägt und schwermütig ist; er soll alle Dinge zum Besten kehren und möge denken; der mag vielleicht die Fröhlichkeit im Anblick Gottes erworben haben: das mag vom Jubilieren herkommen. So soll sich der Fröhliche auch nicht am Schwermütigen ärgern, er möge denken, dass er recht so tue, er mag vielleicht in seiner Meinung haben, dass Gott nie einen guten Tag gewann, drum wolle auch er sich ernstlich halten.»

Ein Wissen von dem Mysterium der Menschwerdung liegt in diesen wenigen Worten beschlossen. Wenn der Mensch aus der geistigen Welt herabsteigt, um eine Erdenlaufbahn anzutreten, so muss er sich mit den Erdenstoffen verbinden. Im Mutterleibe entsteht durch Götterwirken die physische Leibeshülle. Aber der Mensch bringt eine bestimmte «Veranlagung» mit. Sie drückt sich darin aus, dass er zu den Elementen[18] der Erde ein bestimmtes Verhältnis sucht.

Der eine mehr zum Feurigen: sein Temperament wird cholerisch. Der andere mehr zum Luftigen: er wird sanguinisch. Der dritte mehr zum «Wasser»: er wird phlegmatisch. Der vierte zum Erdigen: Melancholie wird ihn erfüllen.

Nun aber deutet der Gottesfreund an, wie diese Veranlagung entstehen kann. Es lebt der Mensch im Schoße der Götter vor seiner Geburt. Da umgeben ihn die Chöre der geistigen Wesen, der Hierarchien, Seraphim, Cherubim, Throne, Herrschaften, Mächte, Gewalten, Urbeginne, Erzengel und Engel – so nannte sie Paulus und sein Schüler Dionysius der Areopagite. – Da erlebt die Seele das Jubilieren dieser Engelchöre in schöpferischer Lust. Oder sie erleidet mit die Trauer der geistigen Wesen, ihr Seufzen – in der Härte der Formen, die sich als geschaffene lösen, abtrennen vom Schöpferhauch des Geistes. Diese Erlebnisse im Götterreich vergisst der Mensch, indem er sich inkarniert und zum Erdenbewusstsein erwacht. Aber sie leben in ihm verborgen, in seiner «Veranlagung» machen sie sich geltend, wenn auch verhüllt; und sie bewirken, dass der Mensch von den Elementen das eine oder andere mehr an sich zieht, – dass er «zuviel des Luftigen» an sich hat, oder zuviel «von der Erden». Selten nur sind die

18 Von Elementen sei hier gesprochen im Sinne des Aristoteles, dessen Elementenlehre das ganze Mittelalter beherrschte: Feuer, Luft, Wasser, Erde.

vier Temperamente im Menschen harmonisch vereinigt. – In jeder Gemeinschaft wirkt solche Verschiedenheit der Menschen. Das ist eine tiefe Notwendigkeit, aber sie fordert auch eine von höherem Bewusstsein erhellte Toleranz, eine von Menschlichkeit durchdrungene Menschenerkenntnis. Die muss hineinführen in geistige Bereiche, denn nur aus ihnen heraus ist der Mensch zu verstehen. In diesem Sinne können solche Worte des Gottesfreundes aufgefasst werden, wie er sie an die Brüder des Grünen Wörth richtete.

Um ihnen ein Vorbild zu geben, schrieb er ihnen in einem langen Brief Näheres über die Geistesgemeinschaft, die sich um ihn selber im Oberlande gebildet hatte. In schlichter Weise schildert er die einzelnen Menschen, ihren Weg, ihre Entwicklung und wie sie auf wunderbare Weise zu ihm kamen. Vier nur waren es, als fünfter der Gottesfreund selber. Dazu ein Bote, Ruprecht, der die Briefe besorgte, und «Konrad» der Koch.

In Einsamkeit lebten sie auf einem Berg, an dessen Fuß ein munteres Wasser floss, der gelegen war in den Landen des Herzogs von Österreich.[19] Zwei Meilen entfernt war die nächste Stadt.

Dorthin waren sie gewandert, nachdem sie lange Zeit gelebt hatten unter den armen Leuten jener Stadt, in welcher der Gottesfreund aufgewachsen war. Einem schwar-

19 Zu dem Gebiet des Herzogs von Österreich gehörte damals auch ein großer Teil der heutigen Schweiz.

zen Hündlein, heißt es, seien sie gefolgt auf inneren Befehl «über Feld, Stock und Stauden, durch Wasser und durch Gräben», bis es nach zwei Tagen an diesem Ort nicht mehr weiter ging, das Erdreich scharrte und zu ihnen aufsprang. Da erkannten sie, dass sie hier eine Stätte gründen sollten. Auch der Erdenort ihres geistigen Wirkens war nicht aus menschlicher Willkür gewählt worden. Sie erwarben die «Hofstatt» und begannen mit geringen Mitteln einen Bau aufzuführen, der zwar von ihnen bewohnt, aber nicht vollendet wurde.

«In Christo Jesu, aus seinem überfließenden minnequellenden Herzen: so müsset gegrüßet sein, Ihr meine viel lieben Brüder zu dem Grünen Wörth» ... so beginnt der Gottesfreund vom Oberland den Brief, der das Büchlein begleitete, das von seinem Leben und der Brüder Leben im Oberland berichtet.

«Mir hat Rulman, mein heimlicher Freund, geschrieben, dass mich die jungen Brüder gebeten haben, dass ihnen etwas Gutes geschrieben werde. Nun, viel lieben Brüder, ich konnte mich nun diesmal zu nichts Besserem verstehen, als dass ich Euch schreiben sollte unserer Brüder Leben und das habe ich nun auch getan und habe euch gesandt einen Teil von unserer lieben Brüder Leben. Denn wisset, sollte ich Euch von Wort zu Wort ihr ganzes Leben geschrieben haben, ich glaube kaum, dass in ein ganzes Messebuch ich es könnte hineingeschrieben haben.»

Er entschuldigte sich bei ihnen, dass er es gern in ihrer

Sprache (wie sie im Elsass gesprochen wurde) geschrieben hätte, wie er wohl gekonnt hätte, aber er vergaß es im Schreiben oft – «und habe Eure Sprache und unsere durcheinander geschrieben». (Das Elsässische mit dem mehr Oberländischen.) Dazu sei die Schrift nur schwer zu lesen und der Abschreibende müsse achtgeben auf die «Sinne». «War ich doch genötigt, alle diese Dinge in fünf Tagen zu schreiben, denn ich musste Ruprecht hinweg senden.»[20]

«So will ich Euch eines nach des andern Bruder Leben kundtun.» Damit beginnt der Gottesfreund die Erzählung. Intim sind diese Mitteilungen, oft bis ins einzelne gehend. So wollen sie auch aufgenommen sein.

Vom äußeren Schicksal des ersten Bruders erfahren wir nichts. Nur von seinem entsagungsvollen Leben, das aufgeht in Hingabe an die christliche Schulung. Von Jugend auf hatte er sich streng «in dem Leiden unseres Herrn geübt», so sehr, dass es die anderen ihm oft verwehren mussten. Durch achtzehn Jahre hindurch war ihm kein geistiges Erlebnis zuteil geworden, das ihm einen göttlichen Trost gegeben hätte. Er litt es in großer Demut, denn er hielt sich eines Trostes nicht für würdig.

Worin bestand diese Schulung in dem Leiden unseres Herrn? Durch das ganze Mittelalter hindurch wurde sie geübt, seit Dionysius der Areopagite sie begründet hatte.

20 Die Handschrift des Gottesfreundes blieb auf dem Grünen Wörth und ist bis heute erhalten. Sie wurde dem Briefbuch beigefügt.

Es war eine Schulung des Gefühles. In intensiver Meditation versenkte sich der übende in die großen Stadien der Passion des Christus. Es folgte der Schüler mit dem Herzen jedem einzelnen Schritt, den Christus tat, von der Fußwaschung an bis zum Tode am Kreuze und zur Auferstehung. Immer tiefer versuchte der Schüler einzudringen durch seine intensive Betrachtung in dieses Mysterium und so über sich hinauszukommen, sich ganz mit der objektiven Wirklichkeit des Mysteriums zu verbinden. Denn er war durchdrungen von der Überzeugung, dass dieses Zentralereignis der Menschheitsgeschichte nicht nur damals, als es sich vollzog, erlebt werden konnte, sondern dass sich die Seele immer, unabhängig vom Zeitverlauf, mit ihm ganz verbinden könne.

Durch sieben Stufen musste er schreiten.

Die erste war die «Fußwaschung». Demutsvoll neigt sich der Mensch, vor allem in der Welt, dem er sein Dasein verdankt.

Die zweite die «Geißelung». Sie kommt in jener Stimmung des Mystikers zum Ausdruck, der im größten Leid, das ihm das Leben bringt, Treue hält der Gottheit, und freudig das Leiden erträgt.

Die dritte Stufe war die «Dornenkrönung». Im eigenen Haupt fühlte der Schüler den Schmerz. Doch zugleich erlebte er dort das Zentrum, von dem aus sein seelisches Leben geistige Leitung erhielt.

Die vierte Stufe: Die «Kreuztragung». Es war ein intensives Erlebnis des ganzen eigenen Leibes. Die Wundmale des Christus erscheinen an den Händen und Füßen und der Seite, die Stigmata, wie sie Paulus nannte. Aber es konnte der ganze Vorgang vom Willen des Schülers beherrscht werden.

Die fünfte Stufe war der «mystische Tod». Es war jenes Erlebnis, durch das der Mensch hineinblickte in das Geisteslicht. Für die äußere Welt war er seelisch nunmehr gänzlich abgestorben. Der Vorhang vor seinem inneren Auge, der ihm das Allerheiligste verhüllt hatte, wurde aufgerissen.

Die sechste Stufe, die «Grablegung», war das Einswerden mit dem Wesen der ganzen Erde. Das eigene Leben wurde dem Schüler bedeutungslos. Alle «Kreaturen» musste er durchleiden – so beschreibt der Gottesfreund dieses Erleben.

Dies führte ihn auf der siebenten Stufe zur Begegnung mit dem Auferstandenen. Die Kraft, welche die Todeskräfte wandelt, und der sterbenden Erde eine himmlische sich verjüngende Erde entringt, mit ihr lernte sich der Geistesschüler ganz zu verbinden. Er erlebte den «Christus in sich».

In dieser Schulung, wie sie im Mittelalter geübt wurde und den damaligen Verhältnissen entsprechend auch geübt werden konnte, befand sich der erste Bruder achtzehn Jahre lang. Da erst geschah es, dass er das Geisteslicht erlebte, doch sogleich in solcher Fülle offenbarte es sich ihm, und es würde die übernatürliche Freude in ihm so groß, dass sie aus dem Herzen hervorbrach und sich «jubilierend» äußerte. Aber in all dem Glück dieser Erlebnisse verlor er nicht das Bewusstsein an das Leid der Gottheit, und erhielt in sich die Bereitschaft, jegliches Leid zu erdulden, auch den Tod, dem Leiden und Tod Christi zu Ehren. Und wenn er sich ohne jedes Leid fand, so rief er die Gottheit an, denn er fürchtete, sie könnte seiner vergessen haben. Der «Märtyrersinn» war in ihm so stark, dass der Gottesfreund von ihm sagen konnte, dass, wenn es ihm einmal so gehen würde wie dem heiligen Laurentius: dass man seinen Leib foltern würde, so werde er die äußere Marter nicht empfinden, weil die göttliche Minne in ihm so übermächtig sei. Sanftmütig und fröhlich sei er in seinem Wesen, aber er bedürfe wie kein anderer einer verständnisvollen Umgebung. Die Seelenstimmung, welche das geistige Erleben in ihm errege, lasse ihn oft in Widerspruch kommen mit der Stimmung der anderen Brüder. Aber sie nehmen es gerne hin, weil sie den tiefen Grund seiner Freude und auch seiner Trauer kennen, auch seiner oft seltsam anmutenden Gebräuche. «Die Karthäuser», so meinte der Gottesfreund, «sind zwar gute heilige Leute». Aber er könne sich nicht dafür verbürgen, dass dieser Bruder auch nur ein Jahr mit ihnen wohnen könnte. So würden sie ihn nicht mehr leiden können und sich an ihm ärgern.

Tränen entströmten oft seinen Augen. Aber es geschah nicht aus Trauer oder Schmerz, sondern aus dem Überschwang der Freude im Erleben der geistigen Welt, die sich in übergroßer Fülle ihm offenbarte.

Vom zweiten Bruder erzählte der Gottesfreund das

äußere Lebensschicksal, insofern es für ihn ausschlaggebend wurde für seine geistige Entwicklung. Er war ein Jugendgefährte des Gottesfreundes und beide damals eng befreundet. Als er etwa vierundzwanzig Jahre geworden, wollten seine Verwandten und Freunde, dass er eine Ehefrau nehme. Er folgte ihrem Rat und heiratete ein Mädchen, das er liebgewonnen hatte. Zwei Kindlein kamen in die Ehe, und sie lebten in Eintracht miteinander. Als aber vier Jahre vergangen waren, wurde er traurig, weil er tief die Vergänglichkeit und Untreue der Welt erleben musste. Sein Weib beklagte sich über seine Schwermut. Er aber wurde immer trauriger und dachte daran, sich aus der äußeren Welt zu einem geistigen Leben zurückzuziehen. So rief er die Gottheit in großer Verzweiflung an; da erhielt er eine Mahnung, die er als eine Weisung des Heiligen Geistes nahm. Sie sagte: «Du sollst das Gelübde, das Du der heiligen Ehe getan hast, nach christlicher Ordnung stetig halten.» Das machte ihn froh und er nahm sich den heiligen Oswald zum Vorbild, der ein göttliches Leben in der Ehe geführt hatte, und es fiel ihm auch ein, dass es die heilige Elisabeth auch getan hatte. So entschloss er sich, seinem Weibe davon zu sprechen, dass er der Welt Abschied geben wolle und sie zu bitten, es mit ihm zu tun und dass sie beide dem Vorbilde dieser Heiligen nachleben wollten. Er sagte es mit innigen, schlichten Worten und fügte hinzu als eine Hoffnung: Tun wir dies, so werden wir beide König und Königin sein in den ewigen Reichen. – Aber die Frau wurde zornig und schalt ihn sehr und versuchte ihn mit vielerlei Mitteln, durch die sie ihn seelisch marterte, von seinem Entschluss abzubringen. Er aber bat sie, dass sie ihn gehen lasse, sie solle die Kinder und allen Besitz für sich behalten, er wolle sehen, dass er Priester werde. Aber die Frau war ihm so gram geworden, dass sie ihm diesen Dienst nicht erweisen wollte und sie verlangte: er müsse bei ihr bleiben so lange, bis es ihr gelungen sei, den Teufel, von dem er besessen sei, auszutreiben.

Er sprach mit den «Lehrern». Die sagten ihm, «dass er nicht ohne ihre Einwilligung sie verlassen dürfe. Aber sie sagten es, ohne Verständnis für ihn zu haben. Und einer von diesen Lehrern ging zur Frau und riet ihr, dass sie sich über ihn bei allen Verwandten und Freunden beklage: sie sollten ihr helfen, dass er wieder zu Verstand komme. Sie tat es – und die Verwandten kamen und überhäuften ihn mit unendlichen Vorwürfen – er aber wollte über seine Frau kein schlechtes Wort sagen und blieb schweigsam. Da straften sie ihn mit harten Worten und schmähten ihn. Als er in diesem Leid ein halbes Jahr innerlich völlig einsam gelebt hatte, erinnerte er sich an seinen Jugendgefährten und entschloss sich, zu ihm zu gehen und ihn um Rat zu fragen.

«So geschah es, dass er zu mir kam», schreibt der Gottesfreund, «und ich hieß ihn freundlich willkommen sein, denn ich hatte ihn seit vielen .Jahren nicht gesehen ... Und er begann und sagte mir alle Dinge und mahnte mich, dass ich ihm riete, was er tun solle. – Da sprach ich: hättest Du mir nicht gesagt, wie es Dir mit den Lehrern ergangen ist, so würde ich Dich jetzt an die Lehrer weisen. Aber da sie Dir getan haben, wie du sagst, glaube ich, dass ich Dir schuldig bin, Rat zu geben.»

Und er riet ihm, dieses Kreuz nicht zu fliehen, ehe nicht Gott selber es ihm abnehme, denn der «milde barmherzige Gott wisse wohl, wann es Zeit wird.» Und er gab ihm neues Vertrauen und eine neue Anschauung dieser Lebenslage. Er solle sie als eine Übungszeit auffassen, die ihm das Leben bringe. Die eigenen Übungen solle er fortlassen: das härene Hemd und den Panzer und die anderen Härten, die er sich selber zugefügt habe. Was die eigene Frau, die Verwandten, das Volk der Stadt ihm antue, das solle er fortan seine Übung sein lassen, und es mit Geduld und Gelassenheit tragen. Er ging fröhlich wieder heim – aber die Schmach, die man ihm zufügte, wurde immer größer, so dass es dahin kam, dass man ihn anspie, wenn er über die Straße ging und Verwünschungen hinter ihm herrief. Von Zeit zu Zeit kam er zum Gottesfreund und holte sich Trost und Kraft. So währte es sechs Jahre. Da starb seine Frau. Vor ihrem Tode aber hatte sie noch alle Verwandten zu sich gerufen und ihnen gesagt: «Ihr sollt alle wissen, dass ich ihm Unrecht getan habe.»

Nach einiger Zeit starben auch beide Kinder. –

Als so dieses Lebensschicksal für ihn zu einem Abschluss gekommen war, löste er sein Besitztum mit dem Rate des Gottesfreundes auf «dass alles wieder zur Ehre Gottes komme». Er verteilte es unter die Bedürftigen und behielt, soviel er für sein eigenes Leben brauchte. Nach einem Jahre, als er alle Dinge, die ihn noch mit der äußeren Welt verbanden, gelöst und gerichtet hatte, nahm ihn der Gottesfreund zu seiner Gesellschaft. Da gewann er so große Liebe und Ernst zu seinem priesterlichen Amt, dass er in einem Jahre die Weihe empfangen konnte. Und als er die fünfte Messe hielt, erlebte er die Gnade über dem Altar so stark, dass er verzückt wurde, und ihm die geistige Welt sich erschloss. Und es geschah dieses oft während der heiligen Handlung, so dass die Brüder ihm behilflich sein mussten, dass er nach der Verzückung wieder zu sich kam und die Messe vollenden konnte. Aber auch Leid und schwere Versuchungen wurden ihm gegeben.

«Nun sollt ihr wissen, liebe Brüder», schreibt der Gottesfreund, «dass er in all seinem Wandel und all seinen Werken der allersüßeste, sanftmütigste, demütigste Mensch ist. Und wisset, wenn ihn jemand ansähe, der sich in Todsünden befände – ich glaube, dass er kaum ihn ansehen oder mit ihm wandeln könnte, er müsste von ihm gebessert werden ...» Den Glanz der Geisteswelt konnte man in seinem Auge wahrnehmen.

«Ach, liebe Brüder, Ihr sollt Euch nicht ärgern, dass ich Euch von diesem Bruder so viel geschrieben habe, denn wisset, ich tat es, damit Ihr sehen möget, dass Gott große Wunder wirkt mit allerlei Menschen, die ihn nur minnen und meinen wollen.»

So schildert uns der Gottesfreund, wie an diesem Bruder das Leben selber die Einweihung bewirkte.

Der dritte der Brüder, von dem der Gottesfreund erzählt, war weltlicher Domherr gewesen in einem Stift. Dazu hatte er die Einkünfte einer Kirche zu verwalten, auch war er «in jure wohl gelehrt». Er war stolz in seinem Charakter und zornmütigen Sinnes, und doch bestrebte er sich, stets gerecht zu sein. «Unserer Lieben Frau» war er sehr zugetan, manche Entsagung hatte er um ihretwillen auf sich genommen, Almosen ihr zu Ehren gespendet, und oft sich im Gebet an sie gewandt. Zu mancher Zeit vernahm er in sich eine Stimme, die ihn mahnte: «Womit gehst du um, wie lange willst du aus deiner Willkür leben? Gib Abschied der Welt Unserer Lieben Frau zu Ehren, begib dich an eine Statt, wo du abgeschieden lebest. Dann könntest du gelehrt werden, ein wahrer Diener der Gottesmutter zu werden.»

Er hörte die Stimme, doch er verschob es von Jahr zu Jahr, ihr Folge zu leisten. Als er vierzig Jahre alt geworden war, fiel er in schwere Krankheit. Da dachte er, dass seine Versäumnis wohl die Krankheit verursacht haben möchte.

So gelobte er, wenn er genese, seine Pfründe und Einkommen aufzugeben und sich, sobald er könne, zu einer «guten Gesellschaft» zu begeben. Bald darauf ward ihm Hilfe, er wurde gesund und fühlte sich stärker als je zuvor – und er nahm es für ein Zeichen, das Unsere Frau an ihm vollbrachte. Alsbald erfüllte er, was er gelobt hatte, gab Pfründe und Kirche auf und dachte nach, in welchen Orden er sich begeben, oder ob er zu Waldbrüdern gehen solle.

«So dachte er auch an mich», schreibt der Gottesfreund, «denn er kannte mich gut. Oft hatte ich seiner bedurft, weil er «weltweise» war – und er tat auch oft, was mir lieb war. Drum sandte er getrost nach mir. Ich wusste nicht, was er wollte, war ihm jedoch geschwind gehorsam und kam zu ihm. Da sagte er mir seinen heimlichen Wunsch, und wie es ihm ergangen war, und bat mich, dass ich ihm riete, zu welcher Gesellschaft er gehen solle.»

Es versprach ihm der Gottesfreund, sich mit seinen Brüdern zu besprechen und ihm behilflich zu sein.

Der Domherr fragte: Wie ist der Brüder Weise, Leben und Ordnung? «Die halten keine andere Ordnung als die weltlichen Priester – wir halten uns schlicht und hüten uns vor der Welt, so gut wir vermögen» war die Antwort.

Da sprach er: er wolle kommen und die Gesellschaft sehen und bat den Gottesfreund, mit den Brüdern Verabredung zu treffen, wann er kommen könne.

Vier Wochen darauf hatte er seine Dinge gerichtet und kam und bat, dass man ihn für vier Tage in die Bruderschaft aufnehme. Da geschah es am dritten Tag bei der Messe, dass der Bruder, der die Handlung zelebrierte, am Altar verzückt wurde. Als der Gast dieses sah, ward er aufs tiefste erschüttert, und da auch die andere Lebensweise ihm tiefen Eindruck gemacht hatte, bat er die Brüder um eine Unterredung. Und als sie zusammengekommen waren, fiel er vor ihnen auf die Knie und bat sie, dass sie Unsere Liebe Frau darin ehren sollten und ihn dort sollten mit ihnen wohnen lassen. Er wolle ihr Schüler werden und nicht mehr weitere Umfrage halten.

Die Brüder sagten ihm zu, wenn er alles so eingerichtet habe, dass ihn mit der äußeren Welt nichts mehr verbinde: «So fahret wieder heim und bittet Unsere Liebe Frau, dass sie Euch ihren Willen zu erkennen gebe, ob Ihr bei uns bleiben sollt. Ist es so, so kommet fröhlich im Namen Gottes, so wollen wir Euch denn gerne bei uns behalten.» So war der Brüder Rede.

Er nahm Abschied, richtete alles und nahm all sein bares Geld, kam nach fünf Tagen zurück, warf es den Brüdern vor die Füße, und rief: Sehet da mein irdisches Gut, ich will um Unserer Lieben Frau willen keines mehr besitzen.

Alsbald strebte er danach, Priester zu werden, und fuhr viele Meilen, um die Weihe zu erhalten. Und als er geweiht war und wohl dreißig Messen gelesen hatte, da überkamen ihn so schrecklich schwere Versuchungen, von denen der Gottesfreund schreibt, «dass es schädlich wäre, davon zu sprechen. Und wäre er nicht Priester geworden und bei uns gewesen, so hätte man fürchten müssen, dass er zurückgefallen wäre und sich und anderen Menschen viel schädlicher geworden wäre als er es je gewesen war.» –

Die Brüder waren erschrocken, als sie erkannten, wie es um ihn stand und wandten sich an die Mutter Gottes, dass sie ihm helfe. Denn «er sei ja ihr Sohn». Aber er musste diese inneren Kämpfe acht Jahre lang erleiden.

«Da geschah es an einem Samstag bei Tisch», so wird uns erzählt, «als wir halb gegessen hatten, da schrie er mit lauter Stimme auf und rief den ‹Englischen Gruß (Ave Maria)›, neigte sich hintüber an die Wand, und wir sahen, dass er in Verzückung war.»

Die Brüder hoben den Tisch auf und ließen ihn so angelehnt sitzen. So saß er bis zum Abend und regte sich nur wenig und seinen Atem konnte man kaum vernehmen, fast wie bei einem Toten. Und als der Abend gekommen war, seufzte er tief und sprach, wo bin ich? tat die Augen auf, sah um sich und sprach: Ach ich armer Mann, bin ich wiederum hier?

Und als man ihn fragte nach seinem Erleben, da sagte er, dass es weit hinausging über alles, was er bisher kannte und verstand. Und alles Glück, von dem er bisher hörte, sei nur wie ein Tropfen gegenüber dem Meer, das er nun erleben durfte. Bisher sei er ein vielwissender Mensch gewesen, aber all dieses Wissen reiche nicht heran an die Erfahrungen, die er in diesem Erleben machte. Davon könne er mit Petrus sagen: Hier ist gut sein. Und er wisse nun, dass, wer erkennen will die Dinge, die über ihm sind, erst lassen müsse die irdischen Dinge, die unter ihm sind.

Nach fünf Tagen bat er die Brüder, dass sie ihn gehen lassen möchten einsam in einen Wald, damit er aller Menschen Trost entbehre, wie einst Maria Magdalena – denn er fühlte sich voller Schuld. Aber die Brüder rieten ihm ab: denn die feindlichen Mächte machten sich oft heran an die begnadeten Menschen, deren Seele vom geistigen Leben durchstürmt sei, dass sie dann in die Einsamkeit gehen: dort aber entbehren sie des Schutzes und kommen zu «Unfrieden». Bald erkannte er, dass es kein Rat des Heiligen Geistes war. Er blieb bei den Brüdern – und er litt mit Ergebenheit, was ihm noch an Versuchungen zuteil wurde. «Nie mehr», so schreibt der Gottesfreund von ihm, «ward nach dieser Gnade, die ihm bei Tische gegeben war, ein ungeduldiges Wort aus seinem Munde gehört – er war ein geduldiger Mensch geworden, in welchem alle Dinge gut wurden.»

Der vierte der Brüder war ein Jude, ein gottesfürchtiger Mann von großer Begabung und einem reichen Wissen, dazu war er liebevoll im Umgang und mildtätig den Armen. Bevor er zu der Bruderschaft gekommen war, hatte er sich in großer Seelennot oft an Gott gewandt, da ihm die Verschiedenheit der Religionen zu einem ihn schwer bedrückenden Rätsel geworden war. Dann war seine Rede zu Gott: «Ach mein lieber Herr und mein Gott, du hast mich lassen im jüdischen Glauben geboren werden, und bin nun so alt darin geworden durch Deine Gnade, dass ich wohl verstehe das Böse und das Gute, und ich kenne keinen Glauben, der in irgendeiner Weise gerechter sei als der unsere. Denn Du hast uns die Gebote durch Moses gegeben, hast mit ihm selber geredet, wie auch mit unseren Propheten allen, durch deren Mund Du uns Großes verheißen hast – aber Du hast es so lange nun schon und so viele Jahre verzögert, so dass

Du noch immer nicht zu uns kommst. Nicht kann ich dies verstehen noch begreifen, was Du damit meintest. Und haben wir es verschuldet oder verschulden es noch, in Dingen, die wider Dich sind – so solltest Du es der jüdischen Menschheit zu verstehen geben, wie Du es so oft in alten Zeiten tatest. Wenn es dann geschah, dass wir uns besserten, so ließest Du von Deinem Zorn gegen uns, und halfest uns in unseren Nöten. Nun weiß ich nicht, wie Du es meintest in den alten Zeiten – beteten wir damals Abgötter an, so zürntest Du sehr mit uns, und darin tatest Du recht. Jetzt aber tun wir es nicht mehr, aber die Heiden tun es wohl. Das aber leidest Du nun und lässest sie wachsen in ihrem Unglauben und Macht über uns gewinnen und hilfest denen, die allzeit gegen Deine Gebote handeln – uns Juden aber, die Deinen Willen tun und nach Deinen Geboten leben, uns lässest Du nun untergehen und verderben[21] – nicht weiß ich, was Du hiermit meinst.

Dazu hast Du noch einen jungen, neuen Glauben aufgehen lassen, das sind die Christenmenschen, und hast sie so zahlreich werden lassen und mächtig über uns und ist ihr Glaube doch so, dass sie Deinen Willen in keiner Weise erfüllen – wie kann ich das verstehen? In ihrem Unglauben hörte ich sie selber sprechen über unseren Glauben: wie töricht er sei, denn er warte noch Deiner Ankunft. ‹Die Juden mögen lange warten›, so sprechen

21 Es war schon eine Zeit der Judenverfolgung.

sie. Du kämest nicht, denn Du seist gekommen und seiest von einer reinen Magd geboren, Gott und Mensch in einer Person und warest wohl dreiunddreißig Jahre hier in ‹der Zeit›, hier auf Erden, da gingen die Juden und fingen Dich und hingen Dich an ein Kreuz und töteten Dich an dem Kreuze; Du aber auferstandest am dritten Tage Gott und Mensch, und wohntest noch vierzig Tage hier bei uns und fuhrest dann auf zu den Himmeln, und viele Menschen sahen es. Und sie sagen, wiewohl Du zum Himmel aufgefahren seist, so seist Du doch auch hier unten geblieben und seiest auf allen ihren Altären unter aller Priester Hände und das geschehe durch das Wort, das der Priester spricht; dass Du kommest in ein kleines Brötlein und Dein Blut in Wein verwandelt werde in einem jeglichen Kelche.» – Ach mein Gott und mein Herr, wie kann ich alles dies verstehen, dass sie so wachsen in ihrem wunderlichen Unglauben? In alten Zeiten hättest Du es nicht gestattet, dass ein ungläubig Volk die Juden so hart bedrücken konnte. Sende uns doch einen Propheten, dass er uns künde, warum Du uns so zürnst. Ach mein Herr und mein Gott, der Du alle Herzen kennst, Du weißt wohl, dass ich Deinen allerliebsten Willen gerne täte; aber ich bin mir auch dessen bewusst, dass ich nicht würdig bin, dass Du mit mir redest. Nun kenne ich keinen anderen Weg als die Gebote, die Du uns gegeben hast. Gibt es aber einen anderen, er sei so hart wie er wolle – so lass es uns wissen, durch welchen Propheten Du immer willst, so will ich Dir durch ihn gehorsam sein.

Tätest Du es dieses aber nicht, so däucht mich, dass Du mir Unrecht tätest.» –

So redete dieser Jude oft mit Gott.

Da geschah es in den langen Nächten einer Winterzeit, dass er in drei Nächten nacheinander dasselbe träumte: Es war ihm, wie wenn man im Schlafe mit ihm spräche: «Gehe in der Frühe, wenn der Tag aufgeht, zusammen mit Deinem Schuhmacher in die Kirche, lass Dich von ihm dorthin führen, wo Du die Frühmesse ganz heimlich hören und sehen kannst. Da wirst Du erfahren, was Du dann tun sollst – und nimm das, als hätte es Dir ein Prophet gekündet.»

Der Jude war darüber sehr verwundert, denn es war ihm alles gegen sein Empfinden. Aber er dachte daran, dass er mit großem Ernst Gott um eine Antwort gebeten hatte – auch werde es nicht schaden, so sagte er sich, wenn er der Stimme Folge leiste – vielleicht wolle Gott auch, dass er im Anblick des Unglaubens der anderen im eigenen Glauben gestärkt werde – Gott habe ja auch den Propheten oft Dinge im Schlafe geoffenbart.

So ging der Jude eines Abends spät heimlich zu seinem Schuhmacher, der nahe bei ihm wohnte, einem guten, armen Christen, dem der Jude oft Gutes getan hatte, indem er ihm lieh und auch schenkte – und sagte zu ihm: Ich will heimlich mit Dir reden, aber gelobe mir, niemandem davon zu sagen. Der Schuhmacher gelobte es ihm, «falls es nicht gegen den Christenglauben sei». Da brachte ihm der Jude vor, dass es ihm in den Sinn gekommen sei, die

Messe zu sehen und zu hören, von einem Ort, wo es unbemerkt geschehen könne, und er solle ihm dazu helfen. Der Schuhmacher war gern bereit, und sagte ihm: «Ich vertraue Dir, dass Du nichts Böses dabei meinst. Ich will Dich mit mir nehmen und Dich auf eine Empore führen, wo niemand so früh hinaufgeht, wo Du durch ein Loch auf den Altar sehen kannst.»

So gingen sie des anderen Tages in der Frühe an den bezeichneten Ort, wo ein Loch zum Altar hinblicken ließ.

Als nun der Priester die Messe begonnen hatte und «unseren Herrn aufhob», da sah der Jude in einem geistigen Erleben wie gleichsam aus der Oblate hervorwuchs ein großes Kreuz und daran genagelt ein großer, verwundeter Mann. Und als der Priester den Kelch über sein Haupt erhob, da erlebte er den Kelch, wie mit rotem Blute erfüllt. – Nach diesem Erlebnis ging der Jude schnell in sein Haus, legte wieder jüdische Tracht an und schloss sich in seine Kammer ein. Niemandem, auch dem Schuhmacher, hatte er etwas von dem Erlebnis gesagt, das ihn sehr erschüttert hatte. – Wiederum rief er Gott an und bat ihn um ein «Wahrzeichen», damit, wenn es sein sollte, dass er zu christlichem Glauben käme, er es desto freudiger begönne.

Da wurde ihm in der darauffolgenden Nacht im Schlafe zu verstehen gegeben, dass am achtzehnten Tage ein Mann aus fernen Landen zu ihm kommen werde: Der werde wissen, was er in der Messe gesehen habe, und es ihm sagen. Diesem Manne solle er folgen, denn er werde ihn lehren, wie er zu christlichem Glauben komme. Über diesen Traum freute sich der Jude. Denn er konnte sich nunmehr sagen: wird dieses in Erfüllung gehen, so ist es gewiss, dass es der Wille Gottes ist, dass er Christ werde.

Als diese achtzehn Tage vergangen waren, kam zu ihm der Gottesfreund vom Oberland. Wie er den inneren Ruf erhielt, zu dem Juden zu gehen, erzählt er selbst den Johannitern mit folgenden Worten: «Vielliebe Brüder, nun sollt ihr wissen: Alles, was dieser Jude in jener Messehandlung gesehen hatte, das wurde mir in drei Nächten im Schlafe offenbart und dazu wurde mir gesagt: Steh auf und mach Dich auf den Weg in jene Stadt und frage dort nach einem Schuhmacher, der dort wohnt in der Judengasse und heißet Wernher und wohnet bei Abraham dem Juden. Und kommst Du dorthin, so lasse ihn Abraham rufen. Mit dem aber sollst Du heimlich sprechen, und ihm alles sagen, was er in der Messe geschaut hat – damit es ihm ein ‹Wahrzeichen› sei. Er aber wird Dir gehorsam sein: und Du sollst ihn als Freund und Bruder zu Dir nehmen, und sieh, dass er getauft werde und sein Name soll heißen Johannes.»

Mit dieser Weisung kam der Gottesfreund am achtzehnten Tag zu Wernher, dem Schuhmacher, und bat ihn, den Juden zu holen. Der kam sogleich. Doch als er hereinkam, war er anzusehn «unter seinem Antlitz wie ein weißes Tuch». Er hieß den Fremden mit schlichten Worten willkommen sein. Und der Gottesfreund nahm ihn beiseite und sagte ihm alles, was er von ihm wusste. Da wurde

Abraham von tiefer Freude erfüllt, er umfing den Gottesfreund mit seinen Armen und küsste ihn auf die Wange – und führte ihn in sein schönes Gemach. Dort sprachen sie lange und viel über die Heilige Schrift miteinander, und es konnte der Gottesfreund ihm so viel Zeugnisse der «Altväter» sagen, dass er daraus das Christentum völlig verstand. Was ihn so mit neuer Einsicht erfüllte, das teilte er seiner Frau, den Verwandten und Freunden mit – und es fassten viele den Entschluss, Christen zu werden.

«Und als er getauft war, kam er zu uns heim», so schreibt der Gottesfreund weiter von ihm, «und bat uns voller Demut, dass wir ihn zu seinem Bruder nähmen. Und wir taten es mit großer Freude gar gerne.»

Auch er ließ sich zum Priester weihen.

Von seinem inneren Leben hören wir, dass er zwei Jahre hindurch tiefe Erlebnisse der geistigen Welt hatte. Dann aber wurden ihm diese Erlebnisse genommen, und er hatte so schwere innere Kämpfe zu durchfechten, dass er den Brüdern davon nichts zu sagen vermochte. Besonders hatte er zu ringen mit den Mächten, die den Zweifel im Menschen entfachen. Bei keinem Menschen bisher hatte der Gottesfreund so schwere innere Kämpfe erlebt. Aber der Jude ertrug es in großer Geduld, und er lernte diese Leiden, die ihm aus seiner natürlichen Veranlagung erwuchsen, lieben, denn er erkannte ihren Wert, den sie für die Seele auf ihrem geistigen Entwicklungsweg haben.

Von Konrad, dem Koch, erzählt der Gottesfreund mit liebevollem Humor. Einst war er bei der Bereitung des

Essens in eine Verzückung gekommen. Das Knäblein, das ihm in der Küche half, kam erschreckt zu den Brüdern gelaufen: Kommt schnell, mein Meister, der Koch, sitzet in der Küche beim Feuer und ist tot! Die Brüder kamen und fanden ihn beim Feuer, den Löffel noch in seiner Hand, regungslos sitzen. Doch erkannten sie, dass er «von sich» gekommen war. Und einer der Brüder übernahm die Bereitung des Essens, bis Meister Konrad wieder zu sich kam.

Der Gottesfreund sagt von ihm: «Die Speise, die er uns bereitet, essen wir lieber als von irgendeinem andern. Und wenn er uns nicht kochen mag, dann kochen wir uns selber.»

Mit Ruprecht, «dem lieben Diener und Fürsorger», haben die Brüder oft scherzhafte Unterredung. Sie sagen zu ihm: Wie kommt es, lieber Ruprecht, dass Du nicht auch so heilig bist wie unser Koch? Hat er nicht das bessere Teil erwählt? Dann sagt er: Es müssten doch diese irdischen Dinge auch alle verrichtet werden. Und hätte Martha stets das gleiche getan wie Maria, so hätte unser Herr wohl oft kein gutes Essen gehabt, es sei denn, dass er immer so übernatürlich wirkte wie mit den fünf Broten.

Von ihm kann der Gottesfreund sagen: Er ist nach seiner Weise ein lieber Gottesfreund, denn er hat so großes Vertrauen zu uns, wie er es zu sich selber hat, und liebt uns in göttlicher Minne mehr als sich selbst.

So gestattet uns diese Schilderung des Gottesfreundes, die uns hineinversetzt in die Gemütsart des mittelalterlichen Menschen – einen intimen Einblick in das Leben einer Geistesgemeinschaft im vierzehnten Jahrhundert. Wir blicken hinein in eine Mysterienstätte jener Zeit, an der ein führender Eingeweihter seinen Geistesschülern die Geheimnisse christlicher Einweihung erschließt.

Doch wie anders steht diese Mysterienstätte in ihrer Zeit als die alten Mysterien, die in vorchristlicher Zeit die Führung der Menschheit besorgten! Wenn wir uns zweitausend Jahre weiter zurückversetzt denken, so sehen wir, wie diese Stätten den Mittelpunkt des gesamten Lebens der Völker bildeten. Zwar lebten damals auch der Führer und seine Schüler in völliger Zurückgezogenheit – aber von Zeit zu Zeit versammelten sich die Völker zu großen Festeszeiten um diese Stätten, in denen die Gottheit mit der Menschheit verkehrte. Ein Tempel bezeichnete den Wohnort des Gottes – um den sich die Scharen lagerten – und was im Innern dieses Tempels erfahren wurde, das wurde in einer Sprache verkündet, welche die außen Harrenden aufnehmen konnten. Und sie erkannten in den Worten der Priester die weisende Stimme des Gottes, und freudevoll empfingen die Menschen die göttliche Weisung für ihr Tun. Die Führer der Völker sandten zu diesen Stätten die Fragen, wie sie die Völker zu führen hätten und erhielten die Geistes-Antwort.

Doch diese Stätte des vierzehnten Jahrhunderts blieb unbekannt vor der Welt, keine Feste des Volkes wurden an ihr gefeiert. Niemand wusste von ihr, der nicht auf inneren Wegen sich ihr zu nähern verstand. Von manchem Menschen heißt es, dass er die Brüder besuchte, doch erfuhr er nichts, wenn er nicht die innere Reife hatte, von ihrem inneren Leben und ihrer hohen Bedeutung.

Die weitere Entwicklung war der Menschheit selbst überlassen, es war ihr in die Hand gelegt, ihr Tun aus eigener Initiative zu gestalten – Freiheit ward ihr gegeben. – Und diese Freiheit kann der Mensch zu seinem Unheil, aber auch zu seinem Heil gebrauchen. Aus eigener Einsicht kann er hinfort sein Denken und Wirken in Einklang bringen mit dem Willen der Gottheit. Er kann wählen den Weg zum Niedergang, oder die Stimme der Gottheit im eigenen Innern vernehmen und ihr folgen. Nicht mehr an die Gesamtheit, sondern an jeden einzelnen Menschen ergeht der Ruf. Einzelne nur können es sein, die ihn vernehmen.

Von solchen, die diesen im eigenen Seeleninnern ertönenden Ruf vernommen haben, berichtet uns dieses Büchlein. Sie fanden im Gottesfreund – den Führer, der all ihr Erleben mit ihnen teilte. Er kann von sich selbst den Johannitern schreiben: «Vielliebe Brüder, ich lasse Euch wissen, alles, was unsere Brüder in ihrem Leben durchlitten haben, das habe auch ich mit der Hilfe Gottes erlitten, und durch die Gnade des Heiligen Geistes erkannte ich alles, was sie freudevoll in übersinnlichen Welten erlebten.»

So konnte er seinen Schülern tiefes Verständnis für das Wesen des Menschen vermitteln, das allein imstande ist, die großen Gegensätze, in denen die Menschen leben, zu überbrücken. Weil diese aus höherer Liebe geborene Erkenntnis in dieser Gemeinschaft walten konnte, schreibt der Gottesfreund von ihr in wunderbaren Worten: «Alle unsere Brüder haben in sich aus göttlicher Minne nur eine Liebe, und es sind ihre Herzen in dieser Minne zusammen und ineinandergeflossen, recht als ob sie *ein* Herz wären und miteinander *ein einzig* Herz besäßen.»

Eine neue Zeit zieht herauf, die auch neuen Inhalt bringt der Menschengemeinschaft. Nicht mehr das gemeinsame Blut, nicht ein zeitliches gemeinsames Interesse bildet den Zusammenhang der Menschen, sondern der Geist, den in freier, höherer Erkenntnis in das Seeleninnere aufnimmt die menschliche Individualität.

Des Gottesfreundes Fahrt zu Papst Gregor XI.

Es war im Frühjahr des Jahres 1377 in Rom, als Papst Gregor XI. von einem seiner Tischgenossen hörte, dass ein hochbetagter Mann, ein Laie, zusammen mit einem Priester aus deutschem Gebiet über die Alpen hergereist seien, um mit dem Heiligen Vater Wichtiges zu besprechen. Es war der Tischgenosse ein wohlhabender, einflussreicher Bürger Roms. Er empfahl die Fremden dem Papst, da er sie gut kannte, denn sie waren ihm seit langer Zeit befreundet. Er hatte sie nach der langen, beschwerlichen Reise in seinem Hause gastlich aufgenommen. Nun bat er den Papst, alle anderen Dinge zurückzustellen, denn diese Menschen hätten ihm Bedeutsames zu sagen: «Um ernste Dinge müsse es sich handeln, denn dieser hochbetagte Mann hätte sonst so beschwerliche Reise keinesfalls unternommen.»

Am dritten Tage darauf überschritten die Schwelle zum Gemach des Papstes, das Schicksal der ganzen Christenheit in ihrem Herzen tragend, der Gottesfreund vom Oberland und sein Begleiter, der Bruder, der ehemals Jurist und Domherr war.

Wie war es zu dieser Begegnung mit dem offiziellen Haupt der christlichen Kirche gekommen?

Die größten Geister des Mittelalters hatten sich unendlich bemüht, der Kirche einen bedeutenden geistigen Inhalt zu geben. Thomas von Aquino hatte in der Reinheit des Gedankens eine leuchtende Lehre vom Wesen des Christentums entwickelt, die der Kirche übergeben war zu lebendiger Weiterführung. Sie war zugleich eine Schulung des Denkens. Zu wahrer Freiheit hätte die Kirche, dieser Lehre folgend und sie lebendig fortbildend, die einzelnen Menschen führen können. Denn das Hauptproblem, um das sich Thomas von Aquino mühte, bestand darin, wie das Denken, das dem Menschen die Freiheit gibt, in Einklang zu bringen sei mit dem Inhalt der «Offenbarung», die von außen an den Menschen herandringt: Wie kann der Christus aufgenommen werden in das *Denken?* – Wie kann der *freie* Mensch den Christus finden?

Aber die Kirche nahm den ihr angebotenen Freiheitsimpuls nicht auf. Noch nicht ein halbes Jahrhundert nach dem Tode des Themas von Aquino war sie selber unfrei geworden. Philipp der Schöne von Frankreich, der große Vernichter aller geistigen Ströme, hatte auch den Papst in seine Abhängigkeit gebracht. Der musste Rom mit Avignon vertauschen. Das «Exil» der Kirche hatte begonnen. Siebzig Jahre lang war in Wahrheit Papst der König von Frankreich. Allen, denen in jener Zeit das Schicksal der Menschheit am Herzen lag, musste auch das Schicksal der Kirche wichtig sein. So sahen die größten Menschen dieses Unglück der Kirche auch für ein Menschheitsunglück an.

Petrarca hatte das Leben an den Ufern der Rhone in Avignon kennengelernt, wo Papst und Kardinäle, als

Werkzeug des Königs – ohne Bewusstsein ihrer Verantwortung, ein Wohlleben führten. «Du Feindin der Guten, Herberge und Asyl der Bösen, berühmte Hure, die Du gehuret hast mit den Königen der Erde –» so spricht er von diesem Hochsitz der Päpste. «Wahrheit ist dort Wahnsinn, Enthaltsamkeit bäuerliches Benehmen, Schamhaftigkeit ist ein Vorwurf. Sündigen ist Seelengröße und edelste Freiheit.»[22]

Die königliche Seherin von Schweden, die heilige Brigitta, hatte erschreckende Gesichte, in denen sich ihr der Zustand der Kirche enthüllte. Sie sah sich in ihrem Geist-Erleben in einem Dome, dessen Säulen zerbrachen, dessen Boden zerriss, dessen Dach hernieder stürzte. Sie reiste nach Avignon und mahnte den Papst, nach Rom zurückzukehren. Dort nur konnte die Hoffnung bestehen, ihn aus den Fesseln Frankreichs zu erlösen. Doch ihr Bemühen war vergeblich gewesen.

Im Jahre 1370 hatte Petrus von Belloforte den päpstlichen Stuhl bestiegen. Er nannte sich Gregor XI. Er war ein bedeutender Mensch, von großer Gelehrsamkeit, und zugleich offenherzig. Zugänglich zeigte er sich den Stimmen derer, die aus geistigen Einsichten sprachen. Wieder und wieder pochte an seine Seele die heilige Katharina von Siena: Sie mahnte ihn eindringlich in langen Briefen. Auch reiste sie selbst nach Avignon, um ihn zur Rückkehr zu bewegen.

22 Epistol. sine titulo libr. Ep. 18.

Ihre Briefe, geschrieben aus lebensvollem Miterleben ihrer Zeit, sind ein deutlich sprechendes Zeugnis dieser Verhältnisse. Aus einem derer, die sie an Papst Gregor schrieb, sei das Wesentliche hier wiedergegeben:

«Im Namen Jesu Christi des Gekreuzigten und der süßen Maria.

Heiligster, geliebtester und süßester Vater in Christo, dem süßen Jesus, ich, Eure unwürdige Tochter Catarina, Dienerin und Magd der Diener Jesu Christi, schreibe Euch in seinem kostbaren Blute, mit dem sehnlichen Verlangen, die Fülle der göttlichen Gnade in Euch wahrzunehmen. So dass Ihr zugleich das Werkzeug und die Ursache seid, mittelst der göttlichen Gnade den Frieden zu bringen über die ganze Welt. Und darum bitte ich Euch, mein süßester Vater, dass Ihr beseelt vom Eifer und dem sehnlichsten Wunsche nach dem Frieden und der Ehre Gottes und dem Heil der Seelen Eure Macht und Gewalt ausübet. Und wenn Ihr mir sagtet: ‹Die Welt ist so in Aufruhr! Wie soll ich ihr den Frieden erringen?› – so sage ich Euch im Namen Christi des Gekreuzigten: Drei hauptsächliche Dinge sollen durch Eure Macht erreicht werden: dass Ihr nämlich in dem Garten der hl. Kirche die verfaulten Blumen ausreißet, die von Schmutz, Habgier und Hoffart strotzen: die schlechten Hirten und Vorgesetzten meine ich, die jenen Garten vergiften und in Fäulnis bringen. Ach Herr! Brauchet Eure Macht, diese Blumen auszurotten! Werfet sie hinaus, denn nicht kommt ihnen zu, dass sie befehlen! ...

Fasset Mut in Christo, dem süßen Jesus, denn ich hege die Hoffnung, dass seine Hilfe, die Fülle der göttlichen Gnade, der göttliche Beistand Euch nahe sein werden in der oben genannten Weise. Vom Kriege werdet Ihr zu tiefstem Frieden gelangen und größter Einigkeit: aber durch menschliche Gewalt, durch heilige Macht werdet Ihr vernichten die sichtbaren Dämonen der Ungerechten wie die unsichtbaren bösen Dämonen, die unaufhörlich auf uns lauern.

Allein bedenket, geliebter Vater, dass ihr schwerlich dies erreichen werdet, wenn ihr nicht die zwei anderen Dinge vollzieht, welche jene anderen fördern. Indem Ihr kommet (nach Rom) und aufrichtet das Banner des heiligen Kreuzes. Und lasst Euer heiliges Verlangen nicht erschlaffen, weil Ihr irgend ein Ärgernis oder den Aufruhr einer Stadt erlebet oder davon höret: vielmehr entflammt es das Feuer des heiligen Verlangens zu raschem Tun. Und verschiebet doch nicht Euer Kommen! – – –

Ich sage Euch: kommt, kommt, kommt! und wartet nicht auf die Zeit, denn die Zeit wartet nicht auf Euch, dann werdet Ihr tun wie das geschlachtete Lamm, an dessen Stelle Ihr steht, das mit waffenloser Hand unsere Feinde vernichtete, einzig führend die Waffe der Tugendliebe, einzig im Auge habend die Sorge um das Geistige, und um dem Menschen die Gnade wieder zurückzugewinnen, die er durch den Sündenfall verloren hatte.

Ach, mein teuerster Vater, mit einer solch huldvollen Hand, bitte ich Euch und sage ich Euch, dass Ihr zurückkehren sollt, unsere Feinde zu schlagen! ...

Seid mir ein mutiger Mann und nicht furchtsam. Höret auf Gott, der Euch ruft, dass Ihr kommet, die Stelle des glorreichen Hirten St. Petrus einzunehmen, und zu behaupten, als dessen Nachfolger Ihr stehet. Und erhebet das Banner des heiligen Kreuzes. Denn wie wir erlöst wurden durch das Kreuz (so sagte Paulus), so werden wir, indem wir aufrichten dieses Banner, das mir der Hort der Christen scheinet, erlöst werden von Krieg und Uneinigkeit und erlösen das ungläubige Volk von seiner Ungläubigkeit.

Und auf solche Weise werdet Ihr durch gute Hirten die Reformierung der heiligen Kirche zustande bringen ...»

So klangen wieder und wieder an die Ohren Papst Gregor XI. die Worte der gottbegeisterten Menschen jener Zeit heran, die es sich zur Aufgabe gemacht hatten, die Kirche, diese gewaltigste Institution des Mittelalters, wieder zu einem entwicklungsfähigen Gefäß des Christentums zu machen.

So raffte der Papst sich schließlich auf und zog nach Rom. Als die sich türmenden Hindernisse alle überwunden waren, und nach langer Fahrt der Einzug in Rom wieder gehalten werden konnte, da zog ihm das Volk mit Jubel entgegen. Hoffnung war erwacht, dass die Entschlusskraft des Papstes eine neue Zeit für die Kirche brächte.

Die alten Fesseln waren gesprengt – welchen Gebrauch wird der Papst von der neugewonnenen Freiheit machen?

Die äußeren Bedingungen zu einer Wandlung waren geschaffen, aber diejenigen, die einen tieferen Einblick hatten, verschlossen ihre Augen nicht vor den Möglichkeiten eines noch größeren Unheils, das der Kirche drohte. Das sagt uns ein Brief, den der Gottesfreund im April des Jahres 1377 an den Komtur des Johanniterhauses zum Grünen Wörth in Straßburg schrieb:

«Viel lieber Freund, ich kann es nicht unterlassen, Euch von einer Sache zu schreiben, über die ich von vielen Gottesfreunden etwas vernommen habe; von der ich auch selber erfuhr. Es ist sehr zu fürchten, dass die Mutter der heiligen Kirche in großes Gedränge kommen wird, es sei denn, dass die grundlose Barmherzigkeit unseres lieben Herrn durch die Bitte seiner lieben Freunde einen Aufschub gewähre. Geschieht das aber nicht, sondern geht es so weiter, so sollt Ihr wissen, dass so große Irrung die heilige Kirche befallen wird, dass dann manch gutherziger Mensch, der noch ohne Licht der Erkenntnis ist, sich daran stoßen wird und in große Zweifel geraten muss.»

Im Anblick größerer kommender Gefahr machte sich der Gottesfreund zusammen mit dem «Juristen» auf den Weg nach Rom, um den Papst auf die erschauten Gefahren hinzuweisen. Er hatte zu Beginn des Jahres Nachricht erhalten, dass der Papst noch in Karneta, einer Feste in der Nähe Roms, läge und mit den Römern wegen seines Einzugs verhandle.

Die Brüder hatten dem Gottesfreund geraten, dass er erst gegen Ostern fahren solle. Dann sei der Papst in Rom schon etwas zur Ruhe gekommen, auch das Wetter sei dann der Reise schon günstiger:

«Nun bin ich in meinem Haupte und meinem ganzen Leibe durch Krankheit geschwächt», so schreibt der Gottesfreund, der auch schon ein hochbetagter Mann geworden war, «das will ich aber gerne leiden, denn der große Herr hat in dieser Osterzeit auch gelitten. Und ich glaube auch nicht, dass ich zu natürlicher Kraft kommen werde, ehe ich nicht aus dem Hause bin und die Reise begonnen hat.»

Als der Gottesfreund und sein Begleiter nach mühseliger Fahrt über die Alpen und nach Rom gekommen waren, fragten sie zuerst nach ihrem alten Freund. Er empfing sie freundlich und nahm sie mit ihrem Gesinde, Pferden und Wagen bei sich auf.

Als sie nun vor dem Papste standen, wird uns berichtet, sprach der Jurist lateinisch, der Laie aber in «Welsch», da er das Latein nicht beherrschte. Sie sprachen von dem Grund ihrer Reise und sagten: Heiliger Vater, es sind soviel Verfehlungen in der Christenheit, die von allerlei Menschen begangen werden, durch welche die Gottheit erzürnt wird. Ihr solltet darauf bedacht sein, dass dieses gebessert werde.

Aber der Papst antwortete: Da kann ich nichts dazu tun. Doch die Gottesfreunde offenbarten ihm, was sie an ihm selber an inneren Gebrechen erkannt hatten, und dass sie tiefen Einblick in sein künftiges Schicksal besaßen. Sie sprachen ihm etwa so: «Wisset, Heiliger Vater, wenn Ihr nicht mit der Reformierung bei Euch selber beginnt, so wird Euer Leben noch in diesem Jahre beendet sein.» –

Sie deuteten auf ein Geheimnis, dass der Mensch, wenn er eine höhere Aufgabe ergreift und, wie in diesem Fall, den Beginn bei sich selber macht, sein eigenes Schicksal zu verwandeln vermag.

Aber der Papst geriet außer sich vor Zorn, als er sah, dass man seine Gebrechen berührte.

Da sagten ihm die Gottesfreunde: Nehmet uns gefangen, Heiliger Vater, und können wir Euch nicht beweisen, dass wir aus höherer Einsicht sprechen, so lasst uns töten oder tut mit uns was Ihr wollt.

Der Papst verlangte zornig ihre Beweise zu hören.

Sie aber offenbarten sich ihm als Eingeweihte.

Als er ihre «Wahrzeichen» gehört hatte, stand er von seinem Stuhle auf, umfing sie mit großer Freude und küsste sie auf den Mund und sprach zu dem Laien: Lasst uns jetzt in Eurer Volkssprache miteinander reden, da Dir das Latein nicht bekannt ist. Und er besprach sich lange in intimer Unterhaltung mit ihnen und sagte ihnen zum Schluss: Könntet Ihr auch dem Kaiser solches sagen, das wäre der Christenheit nützlich und gut.

Er lud sie ein, dass sie bei ihm blieben, er wolle sie wohl versorgen und in allen Dingen ihren Rat befolgen. Aber die Gottesfreunde erbaten von ihm, dass er sie wieder heimgehen ließe: «Wir wollen jederzeit gehorsam sein, wieder zu Euch kommen, wenn Ihr es begehrt, denn wir wollen kein irdisches Gut, und sind auch darum nicht zu Euch gekommen, wir haben nur Gottes Ehre im Sinne und der Christenheit ewige Seligkeit. Die steht uns höher als alle Dinge dieser Zeit, die doch nur vergänglich sind.»

So war es ganz in die Hand des Papstes gelegt, was er aus dieser Begegnung an Folgerungen zog. Aus seiner persönlichen Initiative sollte erwachsen, was die Entwicklung der Kirche fördern konnte.

Es war ja die Zeit gekommen, dass das Element der Freiheit, der Initiative des Einzelnen, in der Menschheit Geltung erhalten sollte. Wurde diese Freiheit verwandt, im Einklang mit dem göttlichen Wirken zu handeln, oder menschlicher Willkür Raum zu geben?

Was in der Weltgeschichte eintrat, war, dass der Papst nach einem Jahre starb. Sein Tod hatte das große abendländische Schisma, eine gewaltige Kirchenspaltung zur Folge. Dasselbe Kardinalskollegium wählte in kurzer Zeit zwei Päpste. Der eine residierte in Rom, der andere in Avignon. Jeder bezeichnete den andern als «Antichrist».

Es war, als wenn die Macht, die im Menschen den Zweifel bewirkt, sich einen sichtbaren Ausdruck geschaffen hatte in dieser Zweiheit der Päpste.

Durch die ganze Kirche hindurch ging die Zerspaltung. Fast ein halbes Jahrhundert sollte dieser Zustand dauern. Er genügte, um in den weitesten Kreisen der Christenheit das Vertrauen zu allem, was durch die Tradition geheiligt war, zu erschüttern und dieses Ereignis bedeutete für die Entwicklung der Menschheit noch weitaus mehr, als die Erdbeben, die Seuchen, der schwarze Tod bedeutet hatten. Keine äußere Institution vermochte mehr dem Menschen einen Halt zu gewähren. Neue Halte-Kräfte mussten im Innern eines jeden Einzelnen gefunden werden.

Als dieses Unheil hereingebrochen war, und niemand, der in der Kirche ein Amt hatte, mehr wusste, zu welchem Papst er sich halten solle – fragte der Komtur der Johanniter in Straßburg den Gottesfreund um Rat, wie er in diesem Wirrsal sich verhalten solle. Da antwortete ihm der Gottesfreund: «Wäre es so, dass man die Ämter nach göttlichem Recht zuteilen würde, so wäre heute keiner von beiden Päpsten Papst. Denn Papst Urban wurde in Rom durch Laiengewalt eingesetzt,[23] jetzt will man Papst Clemens auch mit Gewalt und mit irdischem Gut zur Geltung bringen. Das alles aber ist wider Recht und göttliche Ordnung ... – Man findet wenig Menschen, denen man Vertrauen schenken darf. Deshalb tut not, dass jeder auf sich selber schaue und sehe, dass er sich seinen Sattel erwehre.» Der Gang der Weltgeschichte tönt in einem solchen Wort. Die Zeit gemütvoller Gläubigkeit war geschwunden. Die neue Zeit stellte jeden Menschen auf sich selbst. Ein starkes Selbstbewusstsein begann Einzug zu halten in die Seele der Menschen. Die alten Inhalte wurden bedeutungslos. Noch aber war ein Ausdruck des neuen Erlebens, ein neuer Inhalt nicht gefunden. Der Protest gegen das Alte war das Einzige, worin sich die erwachende «Bewusstseinsseele» betätigte. «Protestantismus» kam

23 Vgl. Sonihon, *Die Papstwahlen in der Zeit des großen Schismas.* Braunschweig 1898.

herauf, weil die Menschheit im Allgemeinen noch nicht fähig war, das Erlebnis des Paulus zu verwirklichen, das dem erlebten «Ich» den wahren Inhalt zu geben vermag. Einzelnen Menschen nur konnte der Gottesfreund ein Führer zu diesem Erlebnis werden.

Wie können neue Wege gefunden werden, auf denen das erwachte «Ich» neuen Inhalt erlangen kann, Wege, die von der ganzen Menschheit beschritten werden können? Das war die große Frage, die vor den Eingeweihten, den Gottesfreunden des vierzehnten Jahrhunderts stand.

Die großen Tage der Zusammenkünfte im Hochgebirge

Als alle Stützen der Vergangenheit zusammengebrochen waren, und keine der großen, bestehenden Institutionen den Einschlag zu kommender Erneuerung aufgenommen hatte, stand vor dem Blick der Eingeweihten jener Zeit die Zukunft als ein schweres, drohendes Ungewitter. Sie erschien in undurchdringliche Finsternis gehüllt.

Das gemeinsame Erlebnis führte diese Menschen zusammen, und ließ sie sich fragend an die geistige Welt wenden.

Von zwei Zusammenkünften berichten uns die letzten vertraulichen Briefe, die der Gottesfreund an Rulman Merswin und an den Komtur des Johanniterhauses schrieb. Sie geben uns Einblick in das Gemeinschafts-Wirken der Menschheitsführer jener Zeit. –

Diese Menschen trugen das Schicksal der Menschheit. Sie dachten nicht an sich, sondern schauten auf die Entwicklung des Ganzen, auf das Schicksal der kommenden Generationen. Einen Aufschub der hereinbrechenden Finsternis wollten sie bei der Gottheit erwirken bis die neuen Wege, die herausführen können aus dem unaufhaltsamen Niedergang, gefunden werden konnten. Dazu kamen sie in der Einsamkeit der Bergesnatur zusammen. Es waren «große Tage» gemeinschaftlichen intensiven Ringens um Antwort aus der geistigen Welt auf die Schicksalsfrage nach dem Weitergang der gesamten Kulturentwicklung.

Im Frühjahr 1379 erhielt der Komtur einen kurzen Bericht des Gottesfreundes über die erste Versammlung:[24]

«Lieber Freund, ich lasse Euch wissen, dass ich in einem gar wilden, großen Gebirge war, wo eine kleine Kapelle in einen Stein gehauen ist und ein Häuschen dabei erbaut; wo ein Priester wohnt mit zwei jungen Brüdern. An dieser Stätte kamen sieben große heimliche Gottesfreunde zusammen am St. Gertruden Tag. Bei diesen lieben Gottesfreunden war ich mit all meiner Unwürdigkeit, aber in ihrer Demut wollten sie es nicht anders: ich musste bei ihnen sein und sehen und hören, was sich Geheimes unter ihnen ereignete. Es waren drei von ihnen Priester. – Nun viel lieber Freund, sollte ich Euch all die großen Wunder berichten, die da geschahen, es würde zu viel, auch habe ich sie meinem lieben vertrauten Freunde (Rulman Merswin) ausführlich geschrieben. Von einem aber tut not, dass ich Euch schreibe; in ähnlichem Sinn schrieb ich Euch schon öfter davon.

Lieber Freund, Ihr sollt wissen, dass diese Gottesfreunde die Gottheit mit großem Ernste angingen wegen des greulichen Ungewitters, das man jederzeit erwartet und baten Tag und Nacht um Aufschub. So waren sie in die-

24 Siehe den Wortlaut des Briefes in der Sprache der Zeit auf Seite 152.

sem Gebet vom St. Gertruden Tag bis an Unserer Lieben Frauen Tag.

Nun war es ihre Gewohnheit, jeden Tag, wenn man gegessen hatte, nach der Mittagszeit vom Haus in den Wald zu gehen, wo ein schönes «Gesäße» war bei einem Quell. Da pflegten sie mitunter zu sitzen und von den Dingen zu sprechen, um derentwillen, sie hergekommen waren, und einer ward da nach dem anderen gefragt, ob jemand in diesen Dingen vorangekommen sei. Doch erkannten sie nichts bis an Unserer Lieben Frauen Tag nach dem Imbiss. Als sie da wieder in den Wald gekommen waren, so beieinander saßen und ihrer Sachen gedachten, da hörten sie, wie wenn ein großes Windgetöse durch den Wald herkäme mit gewaltigem Krachen, und es umhüllte sie die dichteste Finsternis, dass niemand mehr etwas zu sehen vermochte. Dies war so ungeheuer, dass wir alle merkten, dass es von bösen Geistesmächten kam.

Doch waren die lieben Gottesfreunde so demutsvoll, dass keiner sich entschließen mochte, sie zu beschwören, um ihrer ledig zu werden. Und wen man bat, der sagte, er halte sich nicht für würdig es zu tun – so befahlen es alle in demütiger Gelassenheit Gott, dass er tue, was er wolle und man ließ die bösen Mächte in dieser dichten Finsternis regieren wohl eine ganze Stunde lang.

Doch als dieses zerging, da geschah es sogleich, dass ein geschwindes, klares, schönes, lauteres Licht entstand, ein Licht, das die Sonne gänzlich überleuchtete, so dass Leibesaugen den klaren Schein nicht ertragen konnten.

Und in diesem Lichte brach eine über alle Maßen süße, unsichtbare Stimme hervor, von der unser ganzes Wesen große Kraft empfing: Ihr viel lieben Freunde Gottes, Friede sei mit Euch. Nicht sollt ihr erschrecken, noch euch fürchten, denn ich bin ein gesandter Engel und ein Bote, von der heiligen hohen ewigen Dreifaltigkeit. Ich soll euch kundtun, und tue es jetzt, dass die allmächtige Dreifaltigkeit euer Gebet erhörte und hat euch gegeben den Aufschub des gewaltigen Wetters, das über die Welt gehen sollte für ein ganzes Jahr. Und ich soll euch auch gebieten, dass ihr nach diesem Jahre nicht mehr bitten sollt, denn der Vater will es dann allein in seiner Hand stehend haben. Wenn es dann geschieht, dass der Vater erkennt, dass die Zeit gekommen ist, so will er dann seinen Sohn durch die ganze Welt hin rächen. Das wird dann gut für die Christenheit sein, denn in Not, Angst und Furcht wird sie alsdann sich bessern. –

Das war das letzte Wort. Damit zerging das schöne, lichte Gesicht – und die Sonne schien wieder wie zuvor.»

Von dieser vertraulichen Mitteilung, schreibt der Gottesfreund weiter dem Komtur, solle er zu niemandem sprechen, als wem er in Gott wohl vertraue. Er solle den Menschen raten, dass sie sich einrichteten, als wenn sie am folgenden Tage sterben könnten – «und wäre es so, dass Gott sich über die Menschheit erbarme, wie er es mit denen in Niniveh tat, so hätte ein solcher Mensch nichts verloren, sondern nur gewonnen».

So lautet der vom Ernst der Weltenstunde erfüllte Bericht über die erste Versammlung.

Nachdem noch nicht ein Jahr verflossen ist, wurden die Eingeweihten der damaligen Zeit zu einer zweiten größeren Versammlung berufen. Dieser Ruf erging an sie aus der geistigen Welt. Ohne äußere Verabredung, nur auf Grund der rein im Seeleninnern erlebten Weisung finden sie einander am selben Ort, wie das Jahr zuvor.

Wie diese Einberufung auf wunderbare Weise vor sich ging, berichtet ein vertraulicher Brief des Gottesfreundes an Rulman Merswin.

In der Christnacht nach der Matina, in der ersten Morgenstunde hörte der Gottesfreund eine Stimme, die ihn mahnt, er solle am «Hohen Donnerstag» vor Ostern an derselben Stelle sich einfinden, wo er zuletzt mit sieben anderen Gottesfreunden zusammen war. Dort werde er diesmal der Dreizehnte sein.

In den folgenden Nächten: in St. Stefans Nacht wiederholte sich die gleiche Weisung.

Da kam zu ihm der mit ihm lebende Bruder Johannes, der vorher Abraham hieß und teilte ihm mit, dass auch er das Gleiche in aufeinander folgenden Nächten erlebte – und fragte den Gottesfreund, was es bedeute. Der riet, dass man weitere Wahrzeichen abwarten solle.

Vier Wochen darauf kam ein Brief von einem Gottesfreund «aus der Herren Land von Meiglon», aus Mailand, den die Brüder gut kannten. Er schrieb von der gleichen Weisung, die ihm zuteil geworden sei. – Auch einige von den Sieben, die zuletzt beisammen gewesen waren, schrieben in ähnlichem Sinne an den Gottesfreund vom Oberland, und fragten, wie sie sich verhalten sollten. Jetzt antwortete er ihnen, dass sie es nicht unterlassen sollten, der Weisung zu erfolgen.

Nach einiger Zeit, am St. Agathen Tag kamen zu ihm zwei Gottesfreunde aus Ungarn. Sie hatten sich auf den Weg gemacht, weil auch an sie der Geistesruf ergangen, seit der Gottesfreund mit ihnen beisammen gewesen war.

Auch kam ein Bürger aus Genua, der einstmals sehr reich gewesen war, aber all seine Güter, «wohl hunderttausend Gulden» an Arme verteilt hatte. «Großen Unwert leide er zu Genua in der Stadt», schreibt der Gottesfreund von ihm, «aber Gott wirket unaussprechliche Wunder an ihm.» Beide waren im Leben einander bis zu diesem Augenblick noch nicht begegnet.

«Niemand von all diesen großen Gottesfreunden weiß bisher, was Gott hiermit meint, dass wir dreizehn am Hohen Donnerstag am Abend dort beisammen sein sollen», heißt es im Brief. «Auch wundert es mich, was Gott damit meinen mag, dass ich dorthin fahren soll, und er weiß doch gut, dass ich vom Reisen krank geworden bin und alle Tage zu Mittag und zur Mitternacht von Frost und Hitze befallen werde. – Nun ist es doch über mich verhängt, dass ich vor diesen Ostern in großer Krankheit reisen muss. Da es nun Gott also haben will, so tröste ich mich darin: was *ich* nicht vermag, das vermag Gott wohl;

wie der liebe Sankt Paulus sprach: Ich vermag alle Dinge in dem der mich stärket ...»

Zur angegebenen Zeit kamen die Dreizehn wiederum im hohen Gebirge an der kleinen Kapelle zusammen.

Am Karfreitag wurde das Hochamt mit großem Ernst gefeiert. Jeder empfing am Altar das heilige Sakrament.

Wieder saß man an der Quelle im Walde beisammen. Da erschienen ihrem geistigen Erleben die feindlichen Geistesmächte. Diesmal war es vereinbart, sich ihrer zu erwehren. Der priesterliche Hauswirt war durch das Los ausersehen, eine beschwörende Handlung zu vollziehen. Sie kamen in einer Verhüllung als herrliche Frauen mit brennenden Kerzen, in köstlichen Gewändern, und baten mit niedergeschlagenen Augen und bescheidener Gebärde, an dem Gespräch der Gottesfreunde teilzunehmen; aber sie wurden durch die Beschwörung zurückgewiesen, und fuhren mit großem Windesgetöse davon, das ihre wahre Wesenheit offenbarte.

Da erstrahlte ein lauteres Licht und eine Stimme ertönte im Licht. Ein Himmelsbote sprach mit ihnen. Er war gesandt von der «großen, allerobersten Königin Himmelreiches und Erdenreiches und aller Kreaturen Königin». Er übergab den Gottesfreunden einen Brief, dessen Inhalt sie lesen sollten. Und wenn sie den Weisungen, die darin enthalten seien, folgen wollten, so werde das große Unwetter, das über die ganze Menschheit hereinbrechen sollte, drei weitere Jahre verzögert werden.

Von diesem Briefe sagte der Engel, dass er in allen Sprachen zu lesen sei; und wenn die Gottesfreunde ihn gelesen hätten, und ihn befolgen wollten, so sollten *sie* am dritten Tage ein Feuer anzünden, den Brief den Flammen übergeben, er werde dann vor ihren Augen zum Himmel fahren.

Und es wird weiter berichtet, dass die Gottesfreunde den Brief empfingen und ihn lasen. Ein jeder las ihn in der Sprache seines Landes, und er verkündete jedesmal den gleichen Inhalt.

Er enthielt die Weisung zu einer besonderen Schulung: Es solle sich ein jeder der dreizehn in strenger Klausur von allen äußeren Dingen zurückziehen und die letzten Bande, die ihn noch mit den Angelegenheiten der Welt verbänden, lösen. Stimmung der Erwartung solle jeden erfüllen, so wie der Prophet sagte: «Ich sitze hier und warte dessen, was Gott mir einsprechen will.» So sollen sie drei Jahre hindurch des ewigen Vaters «Gefangene» sein. Nach dieser Zeit werde der Heilige Geist sie unterweisen, ob sie in ihrer Stille weiterhin verbleiben sollten, oder ob sie hinausfahren sollten in alle Welt.

Am Ostertag umleuchtete die versammelten Gottesfreunde wiederum das Geisteslicht und die göttliche Stimme fragte nach ihrem Entschluss; ob sie die Weisungen des Briefes befolgen wollten. Da gelobten sie alle in flammender Liebe «mit Mund und mit Herzen», dass sie dem ewigen Vater gehorsam sein wollten – und nicht nur drei Jahre, sondern ihr ganzes Leben hindurch seine Gefangenen zu sein begehrten.

Dann entzündeten sie auf göttliches Geheiß ein Feuer

und warfen den Brief in die Flammen. Aber die Flammen verzehrten den Brief nicht. Sondern die «heitere Flamme» des Feuers löste sich von der Materie des Holzes, so heißt es, und hob den Brief mit sich empor, bis er an die Grenze des Luftraumes kam. Es tat sich der Himmel auf, ein leuchtender Blitz schoss hervor. «Da nahm das obere Feuer unser Feuer und verschlang es in sich», so schreibt der Gottesfreund über dieses Geschehen.

Am Ostermontag mussten die Dreizehn wieder voneinander scheiden.

Es sind dies die letzten Briefe, die Rulman Merswin vom Gottesfreund aus dem Oberland erhielt. Dieser nimmt Abschied von ihm. Er selber werde nun nicht mehr Briefe an ihn senden, auch Rulman solle nicht mehr an ihn schreiben. Auch würden sie einander nicht mehr sehen, es sei denn, dass der Heilige Geist sie wiederum zusammenführen werde.

Zwei Jahre nach diesem Ereignis starb Rulman Merswin. Einige der Johanniter im Grünen Wörth machten sich auf den Weg, um den Gottesfreund, von dem sie so viel gehört und gelesen hatten, zu suchen. Aber niemand vermochte ihn zu finden.

Als dann den Johannitern im Grünen Wörth von ihrem «lieben Vater, dem großen heiligen Gottesfreund im Oberland» keine Nachricht mehr zukam, da trauerten sie wie einst die Jünger, als Christus von ihnen geschieden war. Diese Stimmung klingt uns wieder aus den Worten, die sie in jenen Büchern niedergeschrieben haben, in welchen sie mit großer Ehrfurcht die Briefe des Gottesfreundes und die Nachrichten über sein Leben sammelten:

«Wir sollen tun wie Maria, die würdige Mutter Gottes und die lieben Jünger getan haben, als ihnen die trostbringende Menschheit unseres Herrn genommen ward und er an dem heiligen Kreuze verschied – da nahmen sie erst vor sich in rechter bewusster Dankbarkeit all seine Lehre und all sein Leben und alle seine minnereichen tröstlichen Worte, die er oft in Gleichnissen und Bildern zu ihnen gesprochen hatte. Nicht alle schon hatten seine Worte damals verstanden und sie ganz beachtet. Doch nach unseres Herrn Tode da wurden sie ihnen trostreich und erquickend und sie gewannen daraus viel großer Lehre und Frucht. Und diese Frucht und Lehre haben sie niedergeschrieben und überliefert allen Nachkommenden zur Hilfe, wodurch auch der Christenglauben bestätigt ist und immer ewiglich danach soll gehalten werden.»

Vor ein großes Rätsel stellen uns diese letzten Nachrichten aus dem Leben des Gottesfreundes und fordern auf, durch den Schleier bildhafter Schilderung hindurchzuschauen, um die Bedeutung dieser Zusammenkünfte für den Gang der Menschheitsentwicklung zu erkennen.

Warum finden sich einmal acht Eingeweihte und bald darauf dreizehn zusammen? Es deutet ihre Anzahl auf ein kosmisches Geheimnis. In allem Erdenwirken finden sich die Einstrahlungen aus kosmischen Weiten. Was auf der Erde sich abspielt, sei es in den Naturreichen oder in der Menschheitsgeschichte, oder auch im Seelenleben der Menschen, es wird nur wahrhaft verständlich sein, wenn die kosmischen Ursprünge erkannt werden.

Sieben planetarische Sphären umgeben die Erde, Äthersphären, in denen wie in einem unsichtbaren Weltenäthermeer die sichtbaren Planeten und die Sonne schweben. Diese Siebenheit der Äthersphären durchdringt die Erde und ist wirksam in allen Erdendingen. In den Metallen der Erde, in den Farben des Lichts, in der Skala der Töne, im Rhythmus des Zeitenstromes, in der Welt der Pflanzen – überall wirkt und offenbart sich diese Siebenheit. So ist sie auch wirksam im Seelenleben des Menschen, im Kulturleben der Völker.[25]

Sieben Gottesfreunde sind es, die an dem ersten der großen Tage zusammenkommen als Repräsentanten dieser großen kosmischen Kräfte, als achter ist in ihrer Mitte der Gottesfreund vom Oberland. So wie die Erde selber von den Sphären der Planeten und der Sonne umgeben ist.

Im darauf folgenden Jahre finden sich dreizehn an dem großen Tage ein. Das Urbild dieser Zusammenkunft sehen wir in der Gemeinschaft der zwölf Jünger, die der Christus um sich versammelt.

So wie die Erde durchströmt wird von den sieben ätherischen Sphären der Wandelsterne, so wird das ganze System

25 In Rudolf Steiners *Die Geheimwissenschaft im Umriss* ist das Nähere dargestellt, besonders in dem Kapitel: «Die Weltentwicklung und der Mensch».

der Planeten durchdrungen von den Gestaltungsmächten des ruhenden Sternenhimmels. Zwölf große kosmische Regionen sind es, der Tierkreis in der Zwölfheit seiner Sternbilder, die allem, was auf Erden lebt, Gestaltung verleihen. Die Landschaften der Erde, die Gestalten der Tierwelt erhalten von dort ihr Dasein, und in der menschlichen Gestalt sind alle diese Mächte vereinigt wirksam. Doch geben sie nicht nur dem Leib seine Formung, sondern auch dem Geist des Menschen. Zwölf Sinnes-Nervenpaare enden in seinem Haupt, das in seiner Rundung wiederspiegelt das große Rund des Himmelsgewölbes. Ein Abbild der Veranlagung des menschlichen Geistes ist diese Zwölfgliederung im menschlichen Gehirn.

Die Entwicklung der menschlichen Seele im Zeitstrome unterliegt dem Einfluss der Siebenheit der geistigen Planetenwesen. Die Entfaltung der allumfassenden Gestalt menschlichen Geisteslebens in der Verschiedenheit der möglichen Weltanschauungen wird erwirkt aus der Zwölfheit des geistigen Sternenhimmels, von dem die für irdische Augen sichtbaren Ruhesterne nur äußere Zeichen sind.

Soll in entscheidungsvoller Zeit für die ganze Menschheit ein neuer Entwicklungsschritt getan werden, so muss auch die Gesamtheit der Menschheit vertreten sein. Diejenigen geistigen Führer, die die Weihe erhielten aus den verschiedenen Ursprungsreichen, findet sich dann zusammen und ihre Gemeinschaft bildet dann ein Abbild des gesamten an der Menschheit wirkenden geistigen Kosmos.

Goethe, der tiefe Einblicke in das Wesen der geistigen

Menschheitsführung besaß, offenbarte sein Wissen in dem so großartig angelegten Fragment «Die Geheimnisse». Da schildert er einen Wanderer, der nach langem Wege im Hochgebirge zu einer Bruderschaft gelangt, die gleichsam auf einem «ideellen Montserrat» zusammenlebt. Zwölf Brüder sind es, in ihrer Mitte ein Dreizehnter, der den Namen Humanus, «der Menschliche», trägt. Der Wanderer, den Goethe Bruder Marcus nennt, wird von der Bruderschaft freundlich empfangen. Er wird in die Halle ihrer Zusammenkünfte geführt und mit der Aufgabe, die sich diese Bruderschaft gestellt hat, vertraut gemacht.

Kein Schmuck war hier, die Augen zu verblenden,
Ein kühnes Kreuzgewölbe stieg empor;
Und dreizehn Stühle sah er an den Wänden
Umhergeordnet wie ein frommer Chor ...

Hier versammeln sich die Brüder zu ihrer gemeinsamen geistigen Wirksamkeit, die sie im Verkehr mit der geistigen Welt für die ganze Menschheit leisten. Worin diese geistige Arbeit besteht, hat Goethe selber in einer Erklärung ausgesprochen, die er auf Anfrage hin dreißig Jahre, nachdem er dieses Gedicht verfasste, einigen jüngeren Menschen gab. Da sagt er: «Der mit Bruder Marcus herumwandelnde Leser oder Zuhörer wäre (wenn das Gedicht seine Vollendung gefunden hätte) gewahr geworden, dass die verschiedensten Denk- und Empfindungsweisen, welche in dem Menschen durch Atmosphäre, Landstrich, Völkerschaft, Bedürfnis, Gewohnheit entwickelt oder ihm eingedrückt werden, sich hier am Orte in ausgezeichneten Individuen darzustellen und die Begier nach höchster Ausbildung, obgleich einzeln unvollkommenen, durch Zusammenleben würdig auszusprechen berufen seien. Damit dieses aber möglich werde, haben sie sich um einen Mann versammelt, der den Namen Humanus führt, wozu sie sich nicht entschlossen hätten ohne sämtlich eine Ähnlichkeit, eine Annäherung zu ihm zu fühlen. Hier würde sich gefunden haben, dass jede besondere Religion einen Moment ihrer höchsten Blüte und Frucht erreiche, worin sie jenem oberen Führer und Vermittler sich angenaht, ja sich mit ihm vollkommen vereinigt. Diese Epochen sollten in jenen zwölf Repräsentanten verkörpert und fixiert erscheinen, so dass man jede Anerkenntnis Gottes und der Tugend, sie zeige sich auch in noch so wunderbarer Gestalt, doch immer aller Ehren, aller Liebe würdig musste gefunden haben.»

Das Allumfassende der wahren Menschheitsführung wollte Goethe vor seine Zeitgenossen hinstellen. Es ist, als wenn vor seinem geistigen Blick: eine solche Versammlung gestanden hätte, wie sie uns in den Briefen des Gottesfreundes vom Oberland geschildert wird.

Was ist es nun, was diese Repräsentanten der geistigen Strömungen in der Menschheit in jenem Augenblick im Ausgang des 14. Jahrhunderts zusammenführt?

Es ist die Aufgabe, die Entwicklung der Kultur aus dem Mittelalter hinüberzuführen in die neuere Zeit, in welche die durch Naturwissenschaft erwachende Seele das alte, gläubige Verhältnis zur Weltenlenkung überwindet und als Bewusstseinsseele sich auf sich selber stellt, um aus dem eigenen Ich die Antriebe zum Handeln fortan zu schöpfen. Doch es führt dieser Weg durch die Finsternis der Geistentfremdung. Dieser Finsternis sahen sich die Gottesfreunde des 14. Jahrhunderts gegenübergestellt. Auch in der verführenden Verhüllung kerzentragender Gestalten, die nur ein Scheinlicht erglänzen lassen, erkannten sie die Mächte der Finsternis und wiesen sie von sich.

Dann wurde ihnen eine Botschaft zuteil in Form des Briefes, den ihnen «die alleroberste Königin Himmelreiches und Erdenreiches und aller Kreaturen Königin» sandte, durch den sie aufgerufen wurden, sich bereit zu machen zu dem Empfang neuer Erkenntnisse.

Als Goethe in dem Gedicht «Die Geheimnisse» den ideellen Montserrat schilderte, stand auch vor seinem Geist dieser Übergang über die Schwelle zur Neuzeit. Der Wanderer, ein Jüngling, naht sich, um abzulösen den hochbetagten Führer Humanus, der von den Brüdern scheiden will. Er soll ihn weiterhin als Dreizehnten unter den Brüdern vertreten. Goethe schildert, wie jener Wanderer die Bruderschaft in einem neuen Zeichen erlebt, als er nach seiner Wanderschaft der Stätte ihrer Wirksamkeit sich naht:

Schon sieht er dicht sich vor dem stillen Orte,
Der seinen Geist mit Ruh und Hoffnung füllt,
Und auf dem Bogen der geschloss'nen Pforte
Erblickt er ein geheimnisvolles Bild.
Er steht und sinnt und lispelt leise Worte

Der Andacht, die in seinem Herzen quillt,
Er steht und sinnt, was hat das zu bedeuten?
Die Sonne sinkt und es verklingt das Läuten!

Das Zeichen sieht er prächtig aufgerichtet,
Das aller Welt zu Trost und Hoffnung steht,
Zu dem viel tausend Geister sich verpflichtet,
Zu dem viel tausend Herzen warm gefleht,
Das die Gewalt des bittern Tod's vernichtet,
Das in so mancher Siegesfahne weht:
Ein Labequell durchdringt die matten Glieder,
Er sieht das Kreuz, und schlägt die Augen nieder.

Er fühlet neu, was dort für Heil entsprungen,
Den Glauben fühlt er einer halben Welt;
Doch von ganz neuem Sinn wird er durchdrungen,
Wie sich das Bild ihm hier vor Augen stellt:
Er sieht das Kreuz mit Rosen dicht umschlungen.
Wer hat dem Kreuze Rosen zugesellt?
Es schwillt der Kranz, um recht von allen Seiten
Das schroffe Holz mit Weichheit zu begleiten.

Und leichte Silber-Himmelswolken schweben,
Mit Kreuz und Rosen sich emporzuschwingen,
Und aus der Mitte quillt ein heilig Leben
Dreifacher Strahlen, die aus einem Punkte dringen;
Von keinen Worten ist das Bild umgeben,
Die dem Geheimnis Sinn und Klarheit bringen.

Im Dämmerschein, der immer tiefer grauet,
Steht er und sinnt und fühlet sich erbauet.

«Nimm dein Kreuz auf dich und folge mir nach», so lautete die Aufforderung zur alten christlichen Schulung des Mittelalters, die den Weg führte durch die Stadien der Passion des Christus.

«Wer hat dem Kreuze Rosen zugesellt?», so klingt in neuer Zeit das Mysterienwort an den Geistesschüler heran. In den Briefen des Gottesfreundes vom Oberland ist von dem Inhalt des neuen, der kommenden Zeit entsprechenden Geistesstrebens noch keine Rede.

Goethe hatte auf diesen Weg im Zeichen des Rosenkreuzes nicht nur hingewiesen, sondern selbst schon die ersten Schritte auf diesem neuen Wege getan.

Worin bestand der Umschwung, auf den die Eingeweihten sich vorbereiteten, welche sahen, dass die alte Welt der Offenbarung, die heilige Schrift, ihre Bedeutung verlieren musste, und dass die Menschheit der Naturseite der Welt sich zuwandte? In neuer Forschung sollte sie sich die Sinneswelt erobern in Wissenschaft und Technik.

Es stand vor ihnen die Frage: Wie kann auf dem Wege der Naturforschung, die der Menschheit die Gefahr bringt, die göttliche Welt zu vergessen, dennoch der Geist gefunden werden? Und die Antwort musste lauten: Nur, wenn der Mensch, dazu kommt, die Natur selber als eine heilige Schrift zu erleben, in welcher er lesen lernen muss, so wie er einst in den alten heiligen Büchern vom göttlichen Wirken gelesen hatte. – Es war die Aufgabe, die sich die Menschheitsführer im Heraufkommen der Neuzeit stellten, dem Zeitalter der Naturwissenschaft den Weg zum Geiste zu weisen, dem Gedanken, der getötet wird, indem er die äußere Welt erringt, ein neues, höheres Leben zu verleihen, dass er sich fortentwickele zu höherem Schauen, dem sich das wesenhafte Wirken in den Dingen der Natur offenbart, So erschloss sich Goethe die Urpflanze, als er mit geistbefruchteter Naturbetrachtung die Pflanzenwelt erforschte; so erkannte er in den Farben den Kampf der Wesensmächte Licht und Finsternis. Damit beschritt Goethe Wege, die in der neuen Richtung gewiesen werden, seit unter dem Zeichen des Rosenkreuzes in der Verborgenheit die Führer der Menschheit eine spirituelle Naturwissenschaft vorbereiteten – während eine rein äußere Naturwissenschaft seit dem 15. Jahrhundert bis in die Gegenwart herein immer mehr und mehr die Zivilisation beherrscht.

Von einer Geistwesenheit, die bezeichnet wird als die Königin aller Kreaturen, aller geschaffenen Dinge, erhalten die Gottesfreunde die neue Weisung. Noch im Mittelalter wurde sie erlebt als die Göttin Natura. So spricht von ihr im *Tesoretto* Brunetto Latini. Man wusste sie wirksam in allem Geschaffenen, das den Menschen als äußere Natur umgibt. Die Bewegungen der Gestirne, den Wandel im Geschehen der Natur empfand man als ihre göttliche Gebärde.

Der Brief, den sie den Gottesfreunden sendet, trägt die Merkmale des heiligen Geistes, denn er ist in allen Sprachen zu lesen. Das Allumfassende der neuen Geistesweisung wird durch dieses Bild angedeutet; so wie es von dem Pfingstereignis, das die Jünger Christi erlebten, heißt, dass sie vom Geiste erfüllt, eine allen Völkern verständliche Sprache redeten.

Und das Feuer, das sich von der Materie lösen kann, und von dem himmlischen Feuer in Empfang genommen wird, ist ein Bild der Opfergesinnung, die als reine, unmaterielle Flamme göttlichen Enthusiasmus in diesen Freunden der Gottheit lebte, die sich bereiteten, Diener einer neuen Entwicklungsepoche im Menschheitswerden zu sein.

Auf diese Gemeinschaft können Worte angewandt werden, wie sie Rudolf Steiner in dem Mysterienspiel *Die Prüfung der Seele* über eine mittelalterliche Bruderschaft aussprechen lässt:

> Der Bund ist hohen Zielen zugewandt,
> Die Menschen, die sich ihm gewidmet,
> Empfinden ahnend spätere Erdenzeiten
> Und ihre Führer schauen schon im Vorgesicht,
> Die Früchte, die in Zukunft reifen sollen.

Diese Früchte sind der heutigen Zeit durch Rudolf Steiner als eine Weisheitslehre vom Wesen des Menschen, als Anthroposophie zuteilgeworden. Er hat sie uns heutigen Menschen gebracht als ein Gottesfreund aus demselben Oberland – der geistigen Welt –, die auch die Heimat jenes anderen großen Menschheitsführers ist, dessen Lebensbild in diesem neuen Lichte hier gezeichnet werden sollte.

Das ABC aus dem Meisterbuch

Es sprach der Gottesfreund aus dem Oberland zu dem Meister der Heiligen Schrift:
... Herre der meister, sider ich uch nuo usser gatte roten sol, so wil ich in zuo helfe nemen und wil uch usser gœttelicher minne roten und wil uch anevohen zuo lerende alse men die kint anevohet zuo lerende, und wil uch eine letze geben die men den kinden zuo dem aller ersten git, und das ist die œberste zile, die drie und zwentzig buostaben:

A *Ane sullent ir vohende sin ein reines guotes gœtteliches leben.*

B *Bœses sullent ir miden und gnotes derfur tuon.*

C *Cymmeliche und messikliche in allen dingen leren das mittel halten.*

D *Demuetikliche ussewendig und indewendig in allen dingen leren halten.*

E *Eygen wille sullent ir Zuo grunde leren gotte lassen.*

F *Feste mit steteme erneste an got nnd in gotte leren zuo blibende.*

G *Gehorsam unde gewillig zuo allen gœtteliche dingen.*

Das ABC aus dem Meisterbuch

… Herr Meister, da ich Euch also aus dem Göttlichen heraus raten soll, so will ich Ihn gern zu Hilfe nehmen und Euch aus göttlicher Liebe raten und will Euch lehren so wie man die Kinder im Anfang belehrt und Euch eine Lektion geben, die man den Kindern als allererste gibt: das ist das Alphabet – die dreiundzwanzig Buchstaben:

A Anfangen sollt ihr ein reines, gutes, göttliches Leben (gœttelich eigentlich: gottgleich, mit Gott übereinstimmend, dem Göttlichen angehörend).

B Böses sollt ihr meiden und Gutes dafür (an Stelle dessen) tun.

C (Cymmeliche) Geziemend und maßvoll in allen Dingen lernen die Mitte zu halten.

D Demutsvoll äußerlich und innerlich in allen Dingen sich zu verhalten lernen.

E Eigenwillen sollt ihr lernen, völlig (bis auf den Grund) Gott zu überlassen.

F Fest und mit stetem Ernst bei Gott und in Gott zu verbleiben.

G Gehorsam und willig zu allen göttlichen Dingen.

H *Hunder sich nut widerumb der welte und der naturen nochsehen.*

I *Indewendig ime hertze leren betrahten und gedenken noch guoten und gœttelichen dingen.*
K *Kuene und starg zuo widerstonde des fleisches und des tufels bekorungen.*
L *Lewigkeit leren mit kraft uberwinden.*
M *Minne zuo gotte und zuo uwerme ebenmenschen sullent ir leren haben.*
N *Niemans nut begern es si was es welle oder in wele wise es welle.*
O *Ordinieren und keren alle ding zuo dem besten.*
P *Penitentie, kummet die von gotte oder von den creaturen, die sullent ir gewillenliche enpfahen.*

Q *Quit sullent ir alle die sagen, die uch ie kein leit getan hant.*
R *Reinigkeit libes und gemuetes sullent ir leren haben.*

S *Senftmuetikeit sullent ir in allen dingen leren haben die eht guot sint.*
T *Truwe und worheit sullent ir zuo allen menschen haben.*

U *Ubermosse, es si in wele wise es welle, das sullent ir leren abetuon und abelossen.*

H Hinter sich nicht wiederum nach der Welt und der Natur (dem äußeren Sinnenschein und der Sinnlichkeit) sich umsehen.

I Innerlich im Herzen lernen die guten und göttlichen Dinge zu betrachten und zu bedenken.

K Kühn und stark zu widerstehen des Fleisches und des Teufels Versuchungen.

L Lauheit lernen mit Kraft zu überwinden.

M Minne zu Gott und zu eurem Mitmenschen sollt ihr lernen zu bewahren.

N Von niemand etwas zu begehren, was es auch sei und in welcher Weise immer es sei.

O Ordnen und alles zum Besten wenden.

P (Pönitenz) Strafe, komme diese von Gott oder von den Kreaturen (von den Geschöpfen: anderen Menschen) sollt ihr, als käme sie aus eurem Willen (gewillen – lîhe) hinnehmen.

Q (Quitt) Frei sollt ihr alle die sprechen, die euch je ein Leid angetan haben.

R Reinheit des Leibes und des Gemütes (der Seele) sollt ihr lernen zu bewahren.

S Sanftmut sollt ihr in allen Dingen, die irgend gut sind, lernen zu bewahren.

T (Trawe) Vertrauen und Wahrhaftigkeit (eine aufrichtige Gesinnung) sollt ihr zu allen Menschen haben.

U Übermaß, in welcher Weise immer, sollt ihr lernen abzutun und davon abzulassen.

X *Xristo sime lebende und siner lere alle zit noch zuo gedenkende und der noch leren leben.*

Y *Ynser frowe bitten das su uch helfe das ir dise letze wol lerende werdent.*

Z *Zemmen uwer nature das su lere in allen dingen friden haben die got getuot.*

X Christus, seinem Leben und seiner Lehre allezeit in Gedanken nachzuleben und das eigene Leben danach zu gestalten lernen.

Y Unsere liebe Frau darum bitten, dass sie euch helfe, diese Lektion gut zu erlernen.

Z Zähmen eure (Trieb-)Natur, dass sie lerne in allen Dingen, die Gott (mit euch) wirket, Frieden zu halten.

Ein Brief des Gottesfreundes an den Komtur des Johanniterhauses 1379, 16. April

Lieber frunt, ich losse uch wissen daz ich bin gesin in eime gar wilden grossen hōhen gebirge, do ein vil kleines kapellelin in einen stein gehouwen ist und ein vil kleines huselin dran gebuwen ist, und do ein priester mit zweien jungen bruedern inne wonende ist. Und uf dise selbe stat do koment siben gar grosse heimeliche gottesfrunde zuosamene an sante Gertruten dag; und bi disen lieben gottesfrunden bin ich gesin alse ein unwirdiger uzwurffeling aber von irre grossen demuetikeit wegen, so woltent su nut enbern noch abegesin ich mueste bi in sin und mueste hoeren und sehen und befinden alle ire heimlicheit; und dirre lieben gottesfrunde der worent drie priestere. Nu vil lieber frunt, solte ich uch alle die grossen mirackele der grossen wundere die do beschohent, solte ich uch von den allen schriben, so mœchte sin gar alzuomole alzuo vil werden; aber ich habe su mime lieben heimelichen frunde gar vil geschriben; doch so wil ich uch von eime stucke einer mirackelen schriben, und daz ist ouch der groesten stucke eins under in allen, und ist ouch etwaz notdurftig uch zuo schribende; und ist daz sache daz ich uch zuo ettelichen ziten ettewaz me uf den selben sin geschriben habe. Lieber frunt, ir sullent wissende sin daz dise lieben gottesfrunde got mit gar grosseme ernste obelogen und in mit grosseme ernste bittende worent vur daz grosse gruweliche wetter des man alle zit wartende waz, und bottent got bede tag und naht alles umb einen ufslag. Und in disen dingen dis gebettes worent dise lieben gottesfrunde von sante Gertruten dag untze an unsere lieben froewen dag. Nu waz dirre lieben gottesfrunde gewonheit daz su alle tage noch dem mitteme tage, so su gessen hettent, pflogent zuo gonde von dem huse in den walt, wan do waz ein gesesse bi einem schoenen burnen; do waz ir gewonheit daz su do nider bi enander sossent und rettent do mit einander von den dingen darumbe su darkummen worent, und wart ouch do ie einre noch dem andern gefroget, ob ieman ut von der sachen wegen vurkummen were. Also befundent die lieben gottesfrunde von der sachen nie nut untze an unsere lieben froewen dag noch dem imbisse; also do su aber koment in den walt und also bi enander sitzende wurdent und irre sachen gedenckende wurdent, so hoertent su wie ein gar grosses windes getoese durch den walt her kummet gruweliche brochtzende, und in dem selben do wart ouch domit die allergroeste gruwelicheste dickeste vinsternisse, also daz wir überal nut gesehen moehtent. Dise ding die worent gar ungehure, also daz wir alle wol merckende worent daz es von den ubeln geisten waz; also worent doch die lieben gottesfrunde also gar demuetig also daz sich sin keinre wolte underwinden die ubelen geiste zuo besweren- de also daz su ir lidig worden werent; welen man anekam und in bat daz er es tuon solte, der sprach daz duhte in nut daz er es tuon solte, wenne er were sin alzuomole unwirdig; also befulhent si es alle in einer demuetigen gelossenheit gotte daz er dete waz er wolte; alse liessent su die ubeln geiste regnieren mit dirre grossen ungehuren dicken vinsternisse wol uf eine gantze stunde; und do daz zerging do zuo stunt wart du beschach es daz eine gar geswinde klore schoene luter heiter lieht wart, daz lutere lieht die klore sunne gar vast uberluhtende waz, also daz unsere liplichen ougen den kloren schin kume erliden moehtent; und in diseme kloren lutern liehte do brach eine gar usser mossen suesse ungesihtige stimme uz, die stimme also waz dovon unser aller nature gar grosse kraft enpfing; und wir hortent mit unsere liplichen gehoerde daz die suese stimme sprach: ir vil lieben frunde gottes, fride si mit uch, und ir sullent nut erschrecken noch uch foerhten, wenne ich bin ein gesanter engel und ein botte von der heilgen hohen ewigen drivaltikeit, und sol uch kunt tuon und tuon uch ouch kunt also daz die almehtige drivaltikeit uwer bette erhoeret hat, und hat uch geben ein gantzes ior den ufslag dez grossen gruwelichen wetters daz do uber alle die welt gangen solte sin; und ich sol uch ouch gebieten und gebute es uch ouch von der heilgen drivaltikeit wegen daz ir noch diseme iore nut me von diser selben sachen wegen sullent bitten, wanne der vatter wil es denne alleine in siner hant stonde haben; wenne so es beschieht daz der vatter bekennende wurt daz es zit worden ist, so wil er denne sinen sun durch alle die welt rechen, und daz wurt ouch danne der cristenheite guot sinde, wanne die cristenheit die wurt sich danne von grosser not und angest und forhte bessernde werden. Und daz waz ouch daz hinderste wort; und do zuo stunt do zerging ouch die schoene heitere liehte gesihte und wart ouch da di sunne wider schinende rehte also vormols. Nu vil lieber frunt, ir sullent wissende sin daz ich uch dise ding geschriben habe daz habe ich usser goettelicher minnen und usser cristenlicher bruederlicher truwen geton, alse ich uch in gotte wol getruwende bin, und harumb so bitte ich uch usser goettelicher minnen daz ir nieman hievon sagent, es sigent danne alsoliche menschen den ir in gotte wol getruwende sint. Lieber frunt, uch wart die erre[26] fart geschriben, also daz uns allen wol zuo rotende were daz wir unser lebn soltent anvohen zuo rihtende und zuo besorgende, und also soltend leren leben also daz wir daruf moehtent sterben. Lieber frunt, waz das dozuomole zuo rotende, alse ich es denne dise vart vernomen und befunden habe, so ist es nu zuomole noch gar vil baz und me zuo rotende danne es dozuomole waz. Und lieber frunt, ich rote uch usser goettelicher minnen, und ist daz ir deheinen frunt hant der do mit der welte sachen und mit diseme irdenschen guote vil zuo tuonde het, daz ir dem heimelichen rotent also daz er sich mit der welte richte und sine sele besorgende si und daz anevohende si, also daz es zuo dem lengesten dis iores beschehen sige; wie es danne gonde wurde, so lebte der mensche deste me one

26 Die frühere.

sorge und one schrecken und lebete nu in der zit sicherliche, und mag dem menschen nut geschaden; und wer es ioch daz usser disen dingen nut wurde und got sine erbermde wurde oeugende und wurde tuonde also er den von Ninive det, beschehe uch daz, darumbe so hette der mensche nut verlorn, er hette gewunnen. Gegeben an dem samestdage noch dem osterdage dez iores do man zalte m. ccc. sibenzig und nun jore.

Anhang

Von den Urkundenbüchern des Johanniterhauses Zum Grünen Wörth

Als Rulman Merswin im Jahre 1382 gestorben war – und auch vom Gottesfreund keine Kunde mehr das Haus zum Grünen Wörth erreichte – da wurde von den Brüdern des Johanniterordens mit großer Ehrfurcht alles gesammelt, was an Briefen und Schriften die geliebten Stifter des Hauses hinterlassen hatten. Manchen der Briefe hatte Rulman für die Brüder auf Wachstafeln abgeschrieben, andere waren auf Papier geschrieben – jetzt wurde alles in schöner, deutlich lesbarer Schrift auf Pergament oder große Papierblätter übertragen und in Büchern zusammengefasst, damit der geistige Ursprung des Hauses immerdar im Bewusstsein aller leben könne, die mit dem Hause verbunden waren.

«Da uns nun Gott seine und auch unsere Freunde genommen hat, deren Jünger wir gewesen sind und ewiglich gerne sein werden, so sollen wir doch in rechter Dankbarkeit diese gegenwärtigen Briefe und alles, was darin enthalten ist, was sie uns aus großer Minne geschrieben hinterlassen haben, oft vor uns nehmen und darin lesen und uns damit erbauen und je ein Bruder den andern dadurch ermuntern und ermahnen, wie gnadenreich wir von Gott versammelt und versehen sind leiblich und geistig, damit der ehrwürdige Anfang und die gute geistliche Ordnung dieses Hauses zu dem Grünen Wörth – so wie es ihre Meinung war – mit solcher Vermahnung und Ermunterung bestätigt und ewiglich danach gehandelt werde ...» So schreibt in einem dieser Bücher der fromme Sammler der Schriften.

«Memoriale», Erinnerungsbücher wurden sie genannt. Von diesen Urkundenbüchern ist uns erhalten geblieben das sogenannte «Große Deutsche Memorial». Es war auch ins Lateinische übersetzt worden. Doch von diesem «Lateinbuch» ist nur ein Teil übriggeblieben.

Das zweite dieser Bücher, das uns zusammen mit dem großen deutschen Memorial die wichtigsten Nachrichten vom Leben des Gottesfreundes bringt, in welches auch eingelegt wurde ein von seiner Hand auf Papier geschriebenes Büchlein, wurde das *Briefbuch* genannt.

Ein besonderes Urkundenbuch, das mit schönen Bildern verziert war, erhielt der Meister des Ordens «in deutschen Landen» Conrad von Brunsperg. Es war genannt das «Meistermemorial». Doch ist dieses Buch nicht erhalten. Wir wissen nur von seinem Inhalt, der außer der Chronik des Grünen Wörth, ein Auszug aus den anderen Büchern war. –

Die Stifter hatten die Bestimnlung getroffen, dass dieses Haus drei «Pfleger» haben solle, die aus dem Laienstande gewählt wurden und sich verpflichten mussten, die Beschützer der besonderen Freiheiten des «Grünen Wörth» zu sein, die für seine Erhaltung sorgen und über die Ordnung des Hauses im Sinne der Stifter wachen sollten. Der «Grüne Wörth» behielt große Freiheiten, auch nachdem die Johanniter-Ritter das Haus übernommen hatten. Es wurde ein besonderer Vertrag gemacht zwischen den ersten drei Laienpflegern: Rulman Merswin, seinem Bruder Johannes Merswin und einem Herrn Heintzeman Wetzele. In diesem «Pflegerbrief» lesen wir:

... Es sollen nicht wir, noch unsere Nachkommen, noch irgend eine Meisterschaft, noch der Orden irgend eine Verpflichtung (ufsatz) dem Hause auferlegen. Und wäre es auch, dass der Orden *allen* Häusern eine Verpflichtung zuerteilen müsste nach des Papstes oder des *Kaisers Gebot*, trotzdem sollen wir dem vorgenannten Hause *keine* auferlegen ...

Jeder dieser drei Pfleger erhielt ebenfalls je ein «Pflegermemorial». Von diesem sind uns Abschriften aus späterer Zeit erhalten. Es enthält, wie auch das Meistermemorial, die Gründungsgeschichte und ersten Schicksale des «Grünen Wörth»,[27] dazu einige Sdtriften und Briefe des Gottesfreundes und Rulman Merswins, die audı in den beiden großen Urkundenbüchern enthalten sind.

Unter einigen anderen noch in Frage kommenden Handschriften, die nur Wiederholungen der schon ge-

27 Gedruckt bei Karl Schmidt: *Die Gottesfreunde im 14. Jahrhundert.* S. 34 ff.

nannten Inhalte bringen, ist noch zu nennen das Buch «Von den neun Felsen», das uns in Rulmans eigener Handschrift erhalten ist. – Als man diese Handschrift noch nicht kannte, auch noch nicht die Abschriften im Großen deutschen Memorial, hat man allgemein den Mystiker Suso für den Verfasser dieses Buches, das durch andere Abschriften bereits bekannt war, gehalten. Denn auch Rulman Merswin nannte, wie auch der Gottesfreund, nie seinen Namen. Der bedeutende Germanist Franz Pfeiffer schrieb hierüber in ein anderes Manuskript der «Neun Felsen», das in der Universitätsbibliothek in Freiburg liegt, die Notiz: Dieses buch, das früher fälschlich dem Seuse beigelegt wurde, hat zum verfasser den Strassburger bürger Ruolmann Merswin, der es im jahre 1352 auf göttlichen Befehl niederschrieb ... (Hs. Nr. 470, 4° Pap. 1465.) Es ist gedruckt von Karl Schmidt: *Das Buch von den Neun Felsen von dem Straßburger Bürger Rulman Merswin* 1352, nach des Verfassers Autograph hrsg. Leipzig 1859.

Das *Große Deutsche Memorial* ist geschrieben am Ende des 14. Jahrhunderts. Es enthält 280 Pergamentblätter in einem Ledereinband (aus dem 18. Jahrhundert.) in Groß-Quart. Auf dem vorderen Deckel ist innen eingeklebt ein Stich, der eine alte Ansicht des «Grünen Wörth» darstellt. – Es zeigt eine überall deutlich lesbare, schöne gotische Schrift. Die Rubriken in roter Farbe. Die Anfangsbuchstaben im Text rot bezeichnet. Dazu einige mit großer Liebe ausgemalte Initialen. Auf dem 5. Blatte das

Wappen des Herrn von Hüneburg, der der erste Stifter des Hauses war (s. vorn im Text S. 74): Auf rotem Grunde das schräggestellte Wappen Schwarz-Gold, im schwarzen oberen Feld ein weißer Schwan. Über dem Wappen ein Helm mit zwei Schwänen als Aufsatz. –

Das *Briefbuch*, geschrieben Ende des 14. Jahrhunderts, enthaltend 83 Blätter, wobei die Blätter der beiden «Einlagen» mitgezählt sind. Teils auf Pergament, teils auf Papier. Der Originaleinband aus Holz mit weißem Leder überzogen. Auf dem hinteren Deckel außen auf schmalem Pergamentstreifen: «Dis ist das Briefebuchel». – Die Handschrift ist gut zu lesen, wenn auch in größerer Eile geschrieben als im Deutschen Memorial. – Zwischen Blatt 3 und 12 ist eingelegt in der *Handschrift des Gottesfreundes* das «Büchlein von den fünf Mannen». Es ist sehr eng geschrieben: «darzuo so ist die geschrift gar ubele zuo lesende; der es nochschriben sol der muos der sinne warnemen. Mir was not, ich schreip alle diese ding in funf dagen, wan ich muoste Ruopreht hinweg senden» sind des Gottesfreundes Worte über seine eilige Schrift in dem Begleitbrief. –

Und zwischen Blatt 32 und 41 ist eingelegt Rulmans Büchlein von den «Vier anfangenden Jahren» in seiner eigenen Handschrift.

Übersicht über den Inhalt des Großen Deutscben Memorials und des Briefbuches

Das Große Deutsche Memorial

(Universitäts- und Landesbibliothek zu Straßburg, Ms. 753.) Titel des Memorials: (Blatt 6)

Dis ist der drier urkunde bucher eins, das andere, und ist gliche gros an modele dem ersten latine buche. in dis selbe gegenwertige andere buch ist zusamene geschriben alle die tutschen buchere die Rulman Merswin selige, unser lieber stifter, unlange vor sime tode den brudern in wahs schreip von vil mirakeln und von grossen ubernaturlichen fromeden wundern, die got mit ettelichen sinen frunden gewurket het, alse dem vorgenanten Rulman Merswine zu eine exemplare von Oberlant herabe geschriben wart in sime ersten anefange, do er begunde sin leben zu bessernde und der welte urlob zu gebende. usf.

Vorangehend auf den ersten 5 Blättern ein kurzer Bericht über verschiedene Stiftungen und den Ursprung des Hauses zum «Grünen Wörth».

Dann folgt auf Blatt 7

Vorwort und Inhaltsangabe:

In dem nammen unsers lieben herren Jhesu Christi ist hie in guter fruhtbringender gebesserlicher meinunge versamelt und namhaftikliche intytulieret und verzeichent alle die tutschen buchere, die unsere gnodenrichen stiftere, Ruleman Merswin selige und der liebe sunderliche verborgene gottes frunt in Oberlant, sin heimelicher geselle, beide geschriben hant von vil mirackelen und von grossen ubernaturlichen fromeden wunderen, die got mit in selber und mit anderen gnodenrichen erluhteten menschen gewurcket het, die sie wol bekantent und in heimelich worent. dirre selben bucher sol billiche nu und harnoch uf diser hovestat zu dem Grunenwerde niemer vergessen werden. usf.

Dann folgt zunächst die Inhaltsangabe des ersten, in lateinischer Sprache geschriebenen Memorials (das nicht erhalten geblieben ist).

I. [Blatt 7-130.]

1. Item
das buch von den zweyen jungen funfzehen jehrigen knaben, eins edelen ritters sun und eins richen koufmannes sun. der selbe ouch mit Rulemanne Merswine dis huses zu dem Grunenwerde stifter und frunt gewesen ist. als dicke in diesen beiden buchern erzalet und geseit ist.
(Gedruckt bei Schmidt. *Nikolaus von Basel*, Wien 1866, S. 79–101.)

2. Item
das buch von dem gevangen ritter ... [1349.]
(Gedruckt bei Schmidt. *Nikolaus von Basel*, S. 139–186.)

3. Item

das buch von einre heiligen closenerin, hies Ursula ... (und einre wol gefrundin schonen richen iungfrowen, hies Adelheit ...) [1377.]

(Gedruckt bei Jundt. *Les Amis de Dieu*, Paris 1879, S. 363–391.)

4. Item

das buch von zweyen heiligen closterfrowen in Peyerlant ... (Margret und Katharine.) [1378.]

(Gedruckt bei Strauch, Ph. *Sieben bisher unveröffentlichte Traktate und Lektionen*. Halle 1927. S. 1–20.)

5. Item

das buch von der geistlichen stegen, die dem lieben gottes frunde in Oberlant in eime sloffe geoffenbaret wart. [1350.]

(Gedruckt bei Jundt. *Rulman Merswin* ..., Paris 1890, S. 119–136.)

6. Item

das buch von einre geistlichen leitern ... [1357.]

(Gedruckt bei Jundt. *Rulman Merswin* ..., S. 137–146.)

7. Item

das buch von dem funckelin in der selen ...

(Gedruckt bei Strauch. *Sieben Traktate* ..., S. 21–35.)

8. Item
eine letze, wart eime jungen bruder gegeben im eime orden, wie er leren solte alle untugent uber winden. [1345.]
(Gedruckt bei Strauch. *Sieben Traktate* ..., S. 35–42.)

9. Item
das buch von eime eigintwilligen weltwisen manne, der von eime heiligen waltpriester gewiset wart uf demutige gehorsami. [1338.]
(Gedruckt bei Strauch. *Sieben Traktate* ..., S. 42–60.)

10. Item
das buch von einre offenbarunge, die dem lieben gottes frunde in Oberlant in einre kristnaht geoffenboret wart in den ziten, do die grossen erschrockenlichen ertbidemen alle koment anno d. mill. CCCLVI. [1356.]
(Gedruckt bei Schmidt. *Nikolaus von Basel,* S. 187–202.)

11. Item
die materie von eime jungen weltlichen wol gefrunden manne, wie der ... in der tutschen herren orden kam und priester wart.
(Gedruckt bei Jundt. *Rulman Merswin* ..., S. 147–152.)

12. Item
die tovele, die der liebe frunt gottes in Oberlant dicke har und in ander lant gesendet het ...
(Gedruckt bei Schmidt. *Nikolaus von Basel,* S. 202–204.)

13. Item
das baner buchelin ... (von Rulman Merswin).
(Gedruckt bei Jundt. *Les Amis de Dieu.* Paris, S. 393–402.)

14. Item
das buch von den dryen durchbruchen ...
(Gedruckt bei Jundt. *Histoire du Panthéisme populaire,* S. 215–230.)

15. Item
die siben werg der erbermede ...
(Gedruckt bei Strauch. *Sieben Traktate* ..., S. 85–93.)

16. ltem
das buch von der furkomenen gnoden und von der verdienlichen gnoden ...
(Gedruckt bei Engelhardt. *Richard von St. Victor und Joh. Ruysbroek.* S. 347–382.)

II. [Blatt 130–262.]

Hie vohet anderwerbe ane drie tofelen mit ihren materien.

Die erste seit *von dem buche mit den nun veilsen* (von Rulman Merswin. Gedruckt in: Schmidt, *Das Buch von den Neun Felsen* ..., Leipzig 1859.)

Die andere *von dem buche der zweier menschen*.
(Gedruckt bei Schmidt. *Nikolaus von Basel*, S. 205–277.)

Die dirte von des *meisters buch* mit der obersten zilen der drie und zwentzig bustaben des abecees.
(Gedruckt bei Schmidt. *Nikolaus von Basel. Bericht von der Bekehrung Taulers*, Straßburg 1875.)

III. [Blatt 263–278.]

Dis ist *ein exemplar der grossen ... erbermede gottes* ... alse ein alter gnodenricher erluhteter heiliger bruder in eime closter lerete einen jungen sundigen priester, hies *bruder Walther* ... [1347.]
(Gedruckt bei Strauch. *Sieben Traktate ...*, S. 60–85.)

Dis ist gar *eine nutzliche letze ... wart gegeben einre erberen iungfrowen*.
(Gedruckt bei Strauch. *Sieben Traktate ...*, S. 93–96.)

Dis ist *ein andehtig gut gebet ...*
(Ungedruckt.)

Dis ist *eine warnende lere* vor den verschuldeten kunftigen pflogen gottes, schreip der gnodenriche erluhtete lerer bruder Johans Tauveler von sancte Dominicus orden eime sime lieben frunde in den ziten, do die grossen erschrö-

ckenlichen ertbidemen alle koment des jores, do man zalte von gottes geburte 1356.
(Gedruckt bei Jundt, *Les Amis de Dieu Paris,* S. 403–405.)

Auf den letzten Blättern einige Gedichte und eine kurze Notiz über den Tod des Cunrat von Brunsperg, meister in tutschen landen sant Johans ordens. [Blatt 274 b–278.] (Gedruckt bei Rieder, K. *Der Gottesfreund vom Oberland.* Innsbruck 1905. S. 45*–47*.)

Das Briefbuch.

(Bezirksarchiv Strassburg. Original Perg. H. 2185.)

Dis ist das brief buchelin, in dem versammelt sint alle die missyven, die der liebe verborgene gottes frunt in Oberlant, Ruleman Merswines unsers stifter seligen heimelicher geselle, ie zu mole herabe geschriben het den priestern und personen zu dem Grunenwerde von den wercken gottes und ettelicher frömeder offenborung und von maniger leige geschicht ires und ouch unsers gebuwes, wie sich die verloffen hant sider der zit, daz dis hus zu dem Grunenwerde wart zu dem ersten angefangen zu ernuwende, also es der vorgenante Ruleman Merswin von den von Altdorf enpfangen und ingenomen hette und es mit sinen weltlichen priestern besatte, die darin zugent und die kirche ane fingent zu besingende an sante Lux tage anno domini MCCCLXVI. (1366, 18. Okt.)

Item diser selben briefe und missiven ..., (folgt eine kurze Notiz über die Anordnung der Briefe.)

Item der liebe gottes frunt in Oberlant mit siner gesel-leschaft ... (Notiz über den Bau, den die Bruderschaft im Oberland bewohnte.)

Item donoch beschach es bi bobest Gregorius ziten vor der zisma scilicet anno domini MCCCLXXVII (1377) daz der vorgenant gottes frunt, Rulmannes heimelicher geselle, der leige und siner priester einer, der juriste, mustent zu dem selben bobeste Gregorio varen gen Rome ...

(Kurze Schilderung der Romfahrt des Gottesfreudes.)

Darauf folgt: *«Das Buch von den fünf Mannen»* in des Gottesfreundes eigener Handschrift eingelegt zwischen Blatt 3 und 12. Es enthält die Schilderung des Lebens der Bruderschaft im Oberland. Vorausgehend auf Blatt 3 ein kurzes Vorwort und das Begleitschreiben des Gottesfreundes in Abschrift:

Item der selbe leige und gottes frunt, Ruleman Merswin unsers Stifters geselle, schreip den brudern zu dem Grunenwerde mit sin selbes eigener hant an vier bogene bappires sin und siner bruder leben, daz wir nennent daz buch von den funf mannen. die selbe geschrift, dez lieben gottes frundes eigene hant, man billich halten sol in grosser wirdigkeit glich eime heiltume, also och me hienoch geschriben stot. darumbe sint die selben vier bogene, dez frunt gottes hant, zu aller nehst hienoch geordent und in gebunden in aller der gestalt und forme unverandert, zu glicher wise alse es Rupreht, des lieben frunt gottes diener, selber brohte Ruleman Merswine unserme stifter zu dem Grunenwerde, der es den brudern gap mit einer missiven, die och hienoch vor dem buche geschriben stot, in den pfingesten anno domini MCCCLXXVII. (1377.)

Dis ist eine abegeschrift einer missiven ... (Das Begleitschreiben.) Hie vohent ane die vier bogene, daz buch, von dem do vor geseit ist, alse es der liebe gottes frunt mit sin selbes eigener hant den Johansern zu dem Grunenwerde geschriben het von dem lebende sin und siner gesellescheft in Oberlant.

(Das Fünf-Mannen-Buch ist gedruckt bei Schmidt, *Die Gottesfreunde im 14. Jahrhundert*, S. 76–120 und nochmals bei Schmidt, *Nikolaus von Basel*, S. 102–138, und bei Strauch, *Merswins Vier anfangende Jahre. Des Gottesfreundes Fünfmannenbuch*, Halle 1927.)

Dann folgt eine kurze Nachschrift:

Dis ist daz buch, daz unser lieber vatter, der große heilige gottes frunt in Oberlant, Ruleman Merswines unsers lieben stifters seligen heimelicher geselle, mit sin selbes hant selber geschriben het von aller siner brüder leben, under den er der funfte gewesen ist, der zu hunderst in diseme buche geschriben stot. und wie wol dis buch dicke und vil abe geschriben ist ... noch danne so soll dis gegenwertige bappirine buch, sin selbes geschrift, uf diser hofestat zu dem Grunenwerde ewekliche bliben und gar erwurdekliche gehalten werden glich eime großen heiltume zu eime ewigen urkunde, dobi wir und alle unsere nochkommen eweckliche gemanet werden an die fruhtbere große gnode und würdigkeit dis huses zu dem Grunenwerde und an die getruwen fursprechen, die wir an in vor gotte in himmele hant …

Dann folgen in Abschrift auf den Blättern 12–32, 15 *Briefe des Gottesfreundes* gerichtet an Rulman Merswin, an Heinrich von Wolwasch (den Komtur des Johanniterhauses), an die Gemeinschaft der Brüder im Grünen Wörth, und an Nikolaus von Laufen (einen der Brüder), alle aus den Jahren 1369–1380. Dazwischen kürzere Notizen des Briefsammlers.

Darauf folgt zwischen Blatt 32 und 41 eingelegt das von Rulman Merswin stammende, von seiner eigenen Hand auf Papier geschriebene Büchlein, *Von den vier Jahren seines anfangenden Lebens.*

(Gedruckt bei Schmidt, *Die Gottesfreunde* …, S. 54–76, und bei Strauch, *Merswins Vier anfangende Jahre* … Halle 1927.)

Vorangehend auf Blatt 32 ein kurzes Vorwort:

Dis kleine sexsternelin bappires mit den ahte blettern ist daz selb selbe buch Rulman Merswines unsers stifters eigene hant, alse er es selber schreip und schriben muste von den ersten vier joren sines ane vohenden lebendes uz gehorsame gottes und sines heimelichen gesellen, dez lieben frunt gottes in Oberlant, alse es die brüdere sante Johans orden fundent noch Rulemannes tode hinder ime geschrieben ligende in eime beslossen kensterlin und sin eigen silberin ingesigel ussewendig an dem coopertorio hangende umbe sant Marien Magdalenen dag anno domini MCCCLXXXII (1382) ...

Blatt 41: Dis ist die vorrede ... [so beginnt Vorrede und Inhaltsangabe des «Meistermemorials» das jeweils dem deutschen Ordensmeister der Johanniter übergeben wurde (ist nicht erhalten)].

Dis ist daz XXV. cappittele ... alse es in der drier weltlicher pflegere memoriale buch geschriben stet ... (Inhalt des 25 Kapitels des «Pflegermemorials».)

Dann folgen auf Blatt 44–51 weitere 4 Briefe des Gottesfreundes in Abschrift, davon einer an den Komtur vom 12. März 1377, einer an einen Lesemeister in St. Augustinus Orden Johann von Schaftolzheim (1363), zwei an Bruder Nikolaus von Löwen (1371 und 1377).

Dazwischen der Eid, durch den die «Pfleger» des Hauses verpflichtet wurden und ein Brief des Bruders Nikolaus an den Gottesfreund vom Oberland.

Blatt 51: Item dise vorgeschribenen lieben frunde gottes ... (ein Bericht darüber, wie man nach dem Tode Rulman Merswins vergeblich den Gottesfreund suchte und ihn nirgends mehr finden konnte).

Dann heißt es:

... wir soltent tun, alse Maria, die wirdige muter gottes, und die lieben jungern geton hant, do in die trostliche menschheit unsers herren under zogen wart und er an dem heilgen crutze verschiet. do noment su do erst vur sich in rehter bekanter dangberkeit alle sin lere und alles sin leben und alle sine minnenrichen trostlichen wort, die er dicke in glichnissen und parabelen mit in rette, der selben worte su dozumole nut alle verstundet noch ir ein teil nut vil abbetent, die in doch noch unsers herren tode gar tröstlich und ergetzenlich worent und su dicke vur sich noment und vil grosser lere und fruhte darus zugent. die selbe fruht und lere su ouch hinder in geschriben hant gelassen allen iren nochkomenen zu helffe, durch die ouch kristener gloube bestetiget ist und iemer ewiclich domitte gehandhabet sol werden ...

Blatt 56–72: Dis ist des heilgen geistes minne glunsenden ganeisterlins *schurebrant*, wart geschriben zweien got minnenden erbern jungen jungfrowen under ahtzehen ioren ...

(Gedruckt bei Strauch, *Schürebrand*.)

Dann folgen auf Blatt 73–82 Gedichte, die beigefügt sind Illustrationen des Meister-Memorial (in Abschrift). Notizen über die Namen der Pfleger, Abschrift eines Begleitbriefes zum Meistermemorial und kurze Notiz über Nikolaus' von Löwens Leben.

(Briefe des Gottesfreundes sind gedruckt bei Karl Schmidt, *Nikolaus von Basel*, S. 278–243:, bei Schmidt, *Die Gottesfreunde*, S. 120–176. Bei Karl Rieder, *Der Gottesfreund vom Oberland* ist das Briefbuch mit allen zwischengefügten Notizen des Sammlers, vollständig abgedruckt, S. 64*–157*, bis auf die anderweits gedruckten: *Fünf-Mannenbuch*, *Rulman Merswins Buch von den vier Jahren seines anfangenden Lebens* und *Schürebrand*.)

Hinweise auf die Literatur

Grundlegend für die Betrachtungsart der Erlebnisse des Gottesfreundes ist dem Verfasser die Geisteswissenschaft Rudolf Steiners. Für die hier behandelten Fragen kommen folgende Werke in Betracht:

RUDOLF STEINER, *Die Mystik im Aufgange des neuzeitlichen Geisteslebens und ihr Verhältnis zur modernen Weltanschauung.* (1901/1924)

—, *Die geistige Führung des Menschen und der Menschheit.* (1911)

—, *Das Christentum als mystische Tatsache.* (1902/1910)

—, *Wie erlangt man Erkenntnisse der höheren Welten?* (1904/1905)

—, *Die Geheimwissenschaft im Umriss.* (1910)

—, *Theosophie. Einführung in übersinnliche Welterkenntnis und Menschenbestimmung.* (1904)

—, *Goethes Weltanschauung.* (1897)

—, *Wendepunkte des Geisteslebens.* (1911/1912)

Alle Rudolf Steiner Verlag, Dornach/Schweiz

Die wichtigste seit Auffindung der Urkundenbücher erschienene Literatur über den Gottesfreund:

KARL SCHMIDT, Über den wahren Verfasser des dem Mystiker Suso zugeschriebenen Buches von dem neun Felsen. In: *Zeitschrift für historische Theologie* 1839, II.

—, *Plaintes d'un laïque allemand du quatorzième siècle sur la décadence de la chrétienté.* Strasbourg 1840.

—, *Johannes Tauler.* 1841.

—, *Die Gottesfreunde im 14. Jahrhundert. Historische Nachrichten und Urkunden*, Jena 1854.
—, *Rulman Merswin, le fondateur de la maison de St-Jean de Strasbourg.* (Revue d'Alsace 1856.)
—, Nikolaus von Basel und die Gottesfreunde. In: *Basel im 14. Jahrhundert.* Basel 1856.
—, *Das Buch von den Neun Felsen von dem Straßburger Bürger Rulman Merwin 1352*, nach des Verfassers Autograph hrsg. Mit einem Faksimile von Merswins Handschrift. Leipzig 1859.
—, *Nikolaus von Basel. Leben und ausgewählte Schriften.* Wien 1866.
—, *Nikolaus von Basel. Bericht von der Bekehrung Taulers.* Straßburg 1875.
A. JUNDT, *Histoire du Panthéisme populaire au moyen âge et au seizième siècle.* Paris 1875.
—, *Les amis de Dieu au quatorzième siècle.* Paris 1879.
—, *Rulman Merswin et l'ami de Dieu le l'Oberland.* Paris 1890.
W. WACKERNAGEL, Die Gottesfreunde in Basel. In: *Beiträge zur vaterländischen Geschichte*, II. Bd., Basel 1843.
—, *Kleine Schriften*, Bd. II. Leipzig 1873.
A. LÜTOLF, *Tübinger theol. Quartalschrift* (1876).
—, Die Gottesfreunde im Oberlande. In: *Jahrbuch für Schweizer Geschichte*, Bd. I, 1876.
H. S. DENIFLE, Der Gottesfreund im Oberlande und Nikolaus von Basel. In: *Historisch-politische Blätter*, Bd. 75. 1870.
—, Das Leben der Margaretha von Kenzingen. In: *Zeitschrift für deutsches Altertum*, Bd. 19, 1876.
—, Taulers Bekehrung kritisch untersucht. In: *Quellen und Forschungen* ... hrsg. v. Scherer, Bd. 36, 1879.
—, Antikritik gegen A. Jundt. Les amis de Dieu. In: *Historisch-politische Blätter*, Bd. 84, 1879.
—, Die Dichtungen des Gottesfreundes im Oberlande. In: *Zeitschrift für deutsches Altertum und deutsche Literatur*, Neue Folge, Bd. 12, 13, 1880.

—, Merswins Betrug in der Gottesfreundfrage. In: *Deutsche Literatur-Zeitung*, I, 1880.

W. Preger, Vorarbeiten zu einer Geschichte der deutschen Mystik im 13. und 14. Jahrhundert. In: Zeitschrift für historische Theologie, 1869, 1.

—, *Geschichte der deutschen Mystik*, III. Teil (Tauler, Der Gottesfreund vom Oberlande, Merswin). Leipzig 1893.

—, Rulman Merswin. In: *Herzogs Real-Enzyklopädie*, Bd. 13, 1884.

M. Rieger, *Die Gottesfreunde in dem Mittelalter.* Heidelberg 1879.

J. Baechtold, «Gottesfreund». In: *Allgemeine Deutsche Biographie.*

L. Tobler, Die Sprache des Gottesfreundes im Oberland. In: *Anzeiger für Schweiz-Geschichte* 1830.

Kohte, *Kirchliche Zustände Straßburgs im 14. Jahrhundert.* Freiburg 1903.

Fr. Lauchert, *Des Gottesfreundes [= Rulman Merswins] Buch von den zwei Mannen.*

Ph. Strauch, Rulman Merswin. In: *Allgemeine Deutsche Biographie*, 21, 1885.

—, Kritik über Pregers Geschichte der deutschen Mystik, Bd. 3. In: *Deutsche Literatur-Zeitung*, 1893.

—, Zur Gottesfreundfrage. I. Das Neunfelsenbuch. In: *Zeitschrift für deutsche Philologie*, Bd. XXIV., 1902.

—, *II. Schürebrand. Ein Traktat aus dem Kreise der Straßburger Gottesfreunde.* Hrsg. von Ph. Strauch. Halle 1903.

—, *Schriften aus der Gottesfreund-Literatur.* Heft 1. *Sieben bisher unveröffentlichte Traktate und Lektionen.*

—, Heft 2. *Merswins Vier anfangende Jahre. Des Gottesfreundes Fünfmannenbuch.* (Die sogenannten Autographa.) Halle 1927.

Karl Rieder, *Der Gottesfreund von Oberland. Eine Erfindung des Straßburger Johanniterbruders Nikolaus von Löwen.* Innsbruck 1905.

Walter Muschg, *Die Mystik in der Schweiz,* 1200–1500, Frauenfeld und Leipzig 1935.

Mystik und Lebensgeschichte

Nachwort von Jörg Ewertowski

Ein Koffer voller Geschichten

Jede Geschichte hat ihre Logik. Das gilt sowohl für die literarischen wie auch für die historischen Geschichten, denn in beiden Fällen ist der innere Zusammenhalt der Vorgänge mehr als nur die Abfolge von Ursachen und Wirkungen, mit deren Hilfe wir zu erklären versuchen, warum etwas so und nicht anders geschehen ist. Die Logik einer Geschichte macht sich nicht als Notwendigkeit geltend; deshalb sind Geschichten schwerer zu greifen als Naturgesetze und Prozesse. Eine Geschichte können wir nicht einfach wahrnehmen, vielmehr müssen wir sie geistig erfassen. Für die Naturwissenschaft gibt es kein anderes geistiges Erfassen als das rationale des Verstandes. Das vollzieht sich im Aufzeigen der Gründe, die einen Vorgang erklärbar machen. Jeder erklärbare Vorgang ist wiederholbar und notwendig. Eine Geschichte aber ist unwiederholbar und sinnhaft. Für den vor wenigen Jahren verstorbenen großen Philosophen Paul Ricœur ist deshalb das Verstehen einer Geschichte ein geistiger («intelligibler») aber nicht bloß rationaler Akt.[1]

1 «Ich bestehe auf dieser Differenz zwischen Intelligibilität und Rationalität. Ihre Vernachlässigung läuft darauf hinaus, der Erzählung jeden Platz in der Wissenshierarchie zu verweigern ...»

Alle Kulturen sind durch ihre Mythen mit dieser besonderen Logik verbunden. Dennoch geht das, was wir hier vor Augen haben, über das Mythische im engeren Sinn weit hinaus. Seit der Logos zu Beginn unserer Zeitrechnung Mensch wurde, steigt nämlich schrittweise jedes einzelne menschliche Leben in den Rang eigentlicher Geschichte auf, den es so vorher noch gar nicht gab. Unsere Lebensgeschichten sind deshalb mehr als Ursache-Wirkungs-Folgen und auch mehr als ins reale Leben umgesetzte Mythen. Zunächst macht sich das freilich eher als Mangel bemerkbar, denn sie sind bei Weitem nicht so prägnant wie die Mythen. Die Sinnhaftigkeit unserer Biografien ist um eine Stufe tiefer verborgen als die des Mythos. Wenn aber nun eine reale Lebensgeschichte als ungewöhnlich sinnhaft erscheint, da weckt das gerade deshalb den Zweifel: Handelt es sich hier noch um historische Wahrheit oder doch nur um Mythos, um Legende?

Bis heute wird das immer wieder zur Streitfrage im Blick auf die Evangelien. Ist nicht die Geschichte von Tod und Auferstehung Jesu eigentlich oder ursprünglich ein Mythos, sprechen nicht Tod und Auferstehung eigentlich nur symbolisch von dem Phänomen der Lebenswandlung, vom Durchgang durch eine todesartige Krise und ihrer Überwindung in einer Wiedergeburt.

Die Frage stellt sich in kleinerem Maßstab auch dann,

Paul Ricoeur: *Zufall und Vernunft in der Geschichte*, Tübingen 1986, S. 21.

wenn es nicht nur im Allgemeinen, sondern ganz konkret in einer Lebensgeschichte um das Ereignis einer spirituellen Wiedergeburt geht. Welche Bedeutung haben hier die besonderen Umstände, und wie symbolisch oder historisch-datierbar ist das Geschehen? Hat Augustinus die Geschichte seiner Bekehrung im Garten von Mailand nicht nachträglich stilisiert? Oder Petrarca seine Einweihung auf dem Gipfel des Ventoux? Zu viel sinnhafte Prägnanz verträgt unser moderner Realitätssinn nicht. Auch scheint uns die Rede von der Gottesgeburt im Menschen vielleicht weniger ins Biografische zu gehören als in die Mystik. Und die Mystik wiederum spricht vom Zeitlos-Ewigen und wiederholbar Archetypischen. – Aber nun erzählen die über den Gottesfreund vom Oberland überlieferten Texte aus dem Memorialbuch des Johanniterhauses zum Grünenwörth eine sehr prägnante Geschichte, und das wichtigste Elemente dieser Geschichte bildet eine mystische Wiedergeburt unter ganz besonderen Umständen: Ein gelehrter und angesehener Prediger – der Meister – muss plötzlich erkennen, dass sein Schüler und Beichtkind, ein schlichter Mensch aus dem Volk, nicht nur in der Lage ist, seine Predigt über den rechten Weg zur Gottesnähe zu verstehen und nachträglich aufzuschreiben, sondern darüber hinaus auch ihm, dem gelehrten Theologen, den Abstand zwischen dem Inhalt seiner Predigt und seinem eigenen Leben bewusst zu machen. Der gelehrte Prediger lernt so durch einen vermeintlich schlichten Menschen – den Gottesfreund –, den von

Paulus geforderten Schritt vom Buchstaben zum Geist zu vollziehen.

Diese Geschichte ist nun wie durch eine Rahmenerzählung mit einer zweiten Geschichte verflochten, und das ist die Geschichte ihrer Überlieferung. Der Meister hat nämlich den Gottesfreund kurz vor seinem Tod gebeten, die Geschehnisse um ihrer beider Begegnung und Freundschaft aufzuschreiben. Daraus ist das sogenannte Meisterbuch entstanden, das zusammen mit einem erläuternden Begleitbrief und vielen anderen Dokumenten in einem Koffer des Straßburger Klosters gefunden wurde. Der Gottesfreund selbst hat in diesem Begleitbrief erzählt, dass er ein Manuskript aus den Händen des sterbenden Meisters erhalten und dessen letzten Wunsch erfüllt hat, nämlich dieses Manuskript ins Reine zu schreiben und besser verständlich zu machen. Das Meisterbuch selbst ist dann die Geschichte der erstaunlichen Bekehrung des gelehrten Predigers durch den schlichten Gottesfreund. Es ist weder im Stil einer Ich-Erzählung gehalten noch ausdrücklich durch den Gottesfreund erzählt. Dennoch meint man seinen Erzähler indirekt zu erleben. Das hat eine eigene Wirkung auf den Leser.

Der Koffer, in dem es zusammen mit dem Begleitbrief des Gottesfreundes gefunden wurde, gehörte Rulman Merswin, einem reichen Straßburger Kaufmann, der sein Leben und sein Vermögen ganz in den Dienst der von ihm begründeten Klostergemeinschaft von Grünenwörth gestellt hatte. Auch er hat eine Lebenswandlung durchlaufen. Er war als Kaufmann weder ein gelehrter Meister noch ein Gottesfreund von so geheimnisvoller Kraft, sondern ein Laie mit geringerer spiritueller Kompetenz und Kraft. Aber er stand in einer direkten persönlichen Beziehung zu dem Gottesfreund, und auch seine eigenen Aufzeichnungen fanden sich in jenem Koffer.

Von der mystischen Geschichte zur Detektivgeschichte

In Straßburg hatte zu dieser Zeit der große spätmittelalterliche Mystiker Johannes Tauler (1300–1361) gelebt, und manche Einzelheiten des Meisterbuches passen zu der Gestalt dieses herausragenden Predigers, so dass man den vom Gottesfreund belehrten «Meister» für Tauler gehalten hat. Entsprechend wurde das Meisterbuch Taulers Predigtsammlungen seit 1498 wiederholt beigefügt. Aber nicht alles passt zur Biografie Taulers, so etwa die lange Phase der Zurückgezogenheit des Meisters, nach der ersten Belehrung. Und dann gibt es schließlich auch noch einige Merkwürdigkeiten: Warum hat der Gottesfreund ausschließlich in den Urkundenbüchern des Straßburger Johanniterhauses Spuren hinterlassen und nirgendwo sonst? Und warum gibt es nach dem Tode Merswins keine weiteren Briefe des Gottesfreundes an die Straßburger Gemeinschaft mehr?

Anfang des 18. Jahrhunderts bezweifelt man erstmals, ob der Meister wirklich mit Tauler identisch sein kann. Man liest das Meisterbuch jetzt als sinnbildliche Erzählung. Im 19. Jahrhundert aber begann dann die historisch-kritische Forschung. Es interessierte plötzlich nur noch die Frage, wer denn der Meister «in Wahrheit» war und wer die Texte «wirklich» geschrieben hat. Was sich in der Forschung jetzt abspielte war eine Detektivgeschichte, in deren Verlauf die ursprünglich erzählte dramatische Begebenheit und die in ihrem Zentrum stehende mystische Erfahrung völlig in den Hintergrund rückten. An die Stelle der frommen Bekehrungsgeschichte traten vielmehr verschiedene Abwandlungen einer Betrugsgeschichte. Nach P. H. S. Denifle hat Rulman Merswin den Gottesfreund schlichtweg erfunden.[2] Karl Rieder[3] wendet dann im Jahre 1904 gegen alle anderen Hypothesen ein, man habe versäumt, den Blick ausreichend zu weiten und sich den Kontext der Texte klar zu machen. Es handele sich schlichtweg um eine harmlose fromme Stiftungslegende, die erst nach dem Tode von Rulman Merswin entstanden sei. Dessen Sekretär Nikolaus wollte ihn posthum in ein überhöhendes Licht stellen. Ein Kloster, dessen Stifter mit jenem mysteriösen Gottesfreund in Gesprächs- und Briefbeziehung stand, konnte der Straßburger Gemeinschaft einen besseren Zusammenhalt gewährleisten. Und das

2 H.S. Denifle: *Taulers Bekehrung, kritisch untersucht*, Straßburg 1879.

3 Karl Rieder: *Der Gottesfreund vom Oberland. Eine Erfindung des Straßburger Johanniterbruders Nikolaus von Löwen*, Innsbruck 1905.

war vielleicht besonders erforderlich, weil sich diese Klostergründung durch ihre Satzung gegen jede Einflussname des Papstes in spiritueller Hinsicht vorbeugend verwahrt hatte.

Da sich das Johanniterhaus zum Grünenwörth in Straßburg von der Leitung der Kirche so ungewöhnlich emanzipiert hatte, wäre das Erfordernis einer solchen Bedeutungssteigerung durch eine Legende, durch einen Stiftungsmythos also durchaus nachvollziehbar – aber umgekehrt könnte es auch ein Motiv für allzu kirchentreue Forscher geben, dessen Depotenzierung durch eine «Entmythologisierung» dieser Stiftungsgeschichte zu betreiben. – Für A. Chiquot ist das Meisterbuch 1922 schließlich wieder ganz und gar die Schöpfung des «Straßburger Bankiers» Merswin, und die Frage legt sich nahe, ob es Chiquot dabei indirekt nicht um eine Abwertung der mit der Gottesfreundbewegung verbundenenen freigeistigen Bewegung geht, die sich von der Autorität der Kirche emanzipiert hatte.[4]

Die Erweiterung des Horizontes

Alles in allem hinterlässt die historisch kritische Forschung des 19. Jahrhunderts, deren Ausläufer sich bis in

4 A. Chiquot: *Histoire ou Légende. Jean Tauler et le Meisters Buoch*, Strasbourg, Paris 1922.

die Anfänge des 20. Jahrhunderts erstrecken, heute den Eindruck einer umgekehrten Mythisierung: Es ist der Mythos von den niederen Beweggründe, die das Leben bestimmen, der hier in vielen Varianten hypothetisch aufgebaut und zu bestätigen gesucht wird. Dabei gibt es unterwegs viele echte Beobachtungen und zutreffende kritische Argumente, aber letztlich wirken Rieders Darlegungen doch auch immerwieder wie eine Bestätigungsforschung für das Vorurteil des Allzumenschlichen. So steht beispielsweise für Karl Rieders These von der frommen Stiftungslegende, die der Sekretär des verstorbenen Merswin geschaffen haben soll, bereits als Ausgangspunkt fest, den er dann schrittweise nur noch zu erhärten sucht. Eine echte Fragebewegung durch verschiedene Möglichkeiten hindurch gibt es nicht.

Aber Rieder hatte in seinem methodischen Ansatz insofern Recht, als er gegenüber seinen Vorgängern eine Weitung des Blicks angemahnt hatte. Faktisch hat er selbst aber die Zusammenhänge nur noch nicht weit genug gefasst. Es handelt sich doch schließlich nicht nur um die Stiftungsgeschichte des Johanniterhauses zum Grünenwörth mit seinen besonderen Umständen, es handelt sich darüber hinaus auch um den Umbruch, die Wende in der Menschheitsgeschichte, mit der der einzelne Mensch sich auf sich selbst zu stellen beginnt. Das geschieht in der Mystik, das geschieht in der Reformation. Auch davon sprechen diese Texte. Und so betrachtet werfen sie ganz andere Fragen auf. Wie verhält sich denn die von ihnen beschriebene spirituelle Wiedergeburt zu diesem Sich-auf-sich-selbst-Stellen? Ist die Abwendung von der Schriftgelehrsamkeit und die Hinwendung zur mystischen Erfahrung ein Teil dieser Emanzipation? Das ist eine echte Frage, denn man könnte in der Lebenswandlung des Meisters ja doch auch nur eine neue Form der Unterordnung wahrnehmen, nämlich die Selbstpreisgabe, nur jetzt nicht unter die Autorität der Kirche, sondern unter den mysteriösen Gottesfreund oder unter den im eigenen Inneren erlebten Gott. Zu bedenken ist hierbei jedoch, wie zielstrebig der Gottesfreund im Meisterbuch zwar die Erweckung des Meisters einfädelt, um dann aber im entscheidenden Augenblick den Abschied anzukündigen und es ganz und gar dem Entschluss des Meisters zu überlassen, die Beziehung fortzusetzen oder zu beenden, die sich nun ja plötzlich auf eine andere Ebene verlagert hatte.

Aber selbst mit dem Blick auf die Wende zur Neuzeit ist der Kreis der geschichtlichen Zusammenhänge immer noch nicht weit genug gefasst. Was hat denn das Christentum im Hinblick auf die mystische Geistgeburt an grundlegend Neuem in die religiöse und mystische Erfahrungssphäre gebracht? Das Motiv der «Wiedergeburt» findet sich schon in der vorchristlichen Mysterienwelt: Der Adept einer Einweihungsschule hat sich reif dazu gemacht, die Wiedergeburt zu erfahren. Er wird vom Hierophanten in einen dreitägigen Einweihungsschlaf versetzt, der ihn in Todesnähe führt. Nach drei Tagen wird er daraus erweckt und ist nun ein durch neue geistige Erfahrung gewandelter Mensch.

Was in vorchristlichen Zeiten in Mysterienschulen institutionalisiert und ritualisiert vorlag, das vollzog sich nun bei dem mittelalterlichen Meister im Rahmen seiner individuellen Lebensgeschichte in einer besonderen Dramatik, die nicht in wiederholbarer Gesetzmäßigkeit aufgeht. Und zwischen dem vorchristlichen Ritual der griechischen und ägyptischen Mysterienschulen und der individuellen Lebensdramatik dieser Wiedergeburt des Meisters in der Begegnung mit dem Gottesfreund liegt das zentrale Ereignis des Christentums, der Tod Christi und seine Auferstehung nach drei Tagen. Rudolf Steiner stellt dieses Ereignis, genauso wie die Religionskritiker seiner Zeit in den Zusammenhang der Mythen und der vorchristlichen Mysterien. Anders als diese Religionskritiker erklärt er Tod und Auferstehung Christi aber nicht als nachträgliche Pseudo-Historisierung eigentlich mythischer oder mystisch-ritueller Inhalte, sondern er betrachtet sie als deren reale geschichtliche Metamorphose: Aus der Todesnähe der Einweihungspraktiken wurde ein wirklicher Tod, aus der Erweckung durch den Hierophanten eine leibliche Auferstehung und aus der Wiederholung des Ritus und der den Jahreslauf begleitenden Mythen wurde das unwiederholbare geschichtliche Ereignis. Und dieses spielte sich nicht im Verborgenen ab, sondern auf der Bühne der Weltgeschichte. In der Folge hat sich das Leben aller Menschen geändert. Ein solcher Weg zur Lebenswandlung wie der des Meisters ist als biografisch-geschichtliches Ereignis erst durch das Geschehen von Golgatha möglich geworden. Erst seitdem auf Golgatha der Grund aller Mythen zur einzigartigen und unwiederholbaren historischen Tatsache geworden ist, gibt es nicht nur symbolisch bewahrheitete Fiktionen einerseits und banale oder dramatische Tatsachen andererseits, sondern es gibt nun auch das, was wir in einem betonten Sinn Geschichte nennen. Der Logos ist Mensch geworden, hat in seinem Tod und seiner Auferstehung symbolisch-rituelle Mysterieninhalte in Raum und Zeit historisch unumkehrbar und unwiederholbar dargelebt, und jetzt wohnt jedem einzelnen Menschenleben etwas von der Logik der Geschichte inne, die es vorher nur in allgemeiner Form in den Mythen und Sagen der Völker gab. Jeder einzelne Mensch ist nun dabei, zur individuellen Persönlichkeit zu werden.

Jenseits von Dogmatismus und Skeptizismus: der unantastbare Gehalt

Wer Tod und Auferstehung Christi als ein reales geschichtliches Ereignis anschaut, dem Prolog und dem Nikodemus-Gespräch des Johannesevangeliums – in dem von einer zweiten Geburt die Rede ist – ein besonderes Gewicht gibt, für den könnte auch eine solche Geschichte wie die der Erweckung des Meisters durch den Gottesfreund vor diesem Hintergrund von besonderem Interesse sein. Er wird sie zumindest nicht primär als Legende betrachten wollen, gleichzeitig aber auch die Entwicklung historisch-kritischer Forschung als eine Manifestation eben jenes Weges der Individualisierung ansehen und deshalb auch ihre Ergebnisse – kritisch – erwägen.

Entsprechend schreibt Gerhard Wehr am Ende seiner Darstellung der verzwickten historisch-kritischen Forschungsstufen zu den Straßburger Dokumenten: «Was den literarkritischen Befund anlangt, so mag es zwar angebracht sein, in dem *Gottesfreund vom Oberland* eine Mystifikation zu sehen, deren Spuren mit großer Wahrscheinlichkeit auf Rulman Merswin zurückweisen. Völlig geklärt ist dessen Autorschaft jedoch nicht. Doch was wäre eigentlich erreicht, wenn diese samt den zu erfragenden literarischen Abhängigkeiten zweifelsfrei festgestellt würde? – Unbestreitbar ist immerhin zweierlei: Einmal ist die Gottesfreund-Literatur zum Ausgangspunkt einer bemerkenswerten geistlich-esoterischen Bewegung geworden. In Seelenuntergründen war demnach eine Bereitschaft zur Aufnahme dieses Gedankens der Gottesfreundschaft da. Der Kairos war angebrochen, die Zeit war dafür reif und es bedurfte – tiefenpsychologisch ausgedrückt – nur eines geeigneten archetypischen Kristallisationspunktes. Die besagte Mystifikation erklärt eher noch die nachhaltige Wirkung. Mit bloßen moralischen Appellen oder mit theologisch-rationalen Erörterungen, wie sie die zeitgenössische Scholastik zur Genüge hervorgebracht hat, hätte Rulman Merswin kaum die Anregung geben können, die ein in tieferen Seelenschichten empfangener spiritueller Impuls auszulösen vermochte.»[5]

Etwas skeptischer, aber dennoch nicht ohne Sinn für den unantastbaren Gehalt der Straßburger Texte schreibt auch Louise Gnädinger, die Herausgeberin einer Ausgabe von Tauler-Predigten: «Zusammmenfassend lässt sich also sagen, das Meisterbuch sei zwar ein Machwerk aus dem Kreise der Gottesfreunde um Rulman Merswin, das aber nicht ganz neben die Wahrheit trifft. Deshalb ist es vielleicht nicht zum Schaden durch die Jahrhunderte den Tauler-Drucken voran- oder nachgestellt worden. Und jedenfalls gewährt diese merkwürdige Geschichte auch einen Einblick in Taulers Umwelt, die im Wirken und Meinen dieser Gottesfreunde bereits einen Niederschlag von Taulers Seelsorge- und Predigertätigkeit aufweist; so möchte man wenigstens meinen.»[6] – Erneut in die Sammlung aufgenommen hat Gnädiger das Meisterbuch aber nicht.

Schaut man sich heute in den Bibliothekskatalogen nach weiterer und neuerer Literatur zum Gottesfreund vom Oberland um, so begegnet einem nur noch wenig. Auch ist Wilhelm Raths einfühlsame Nacherzählung bis heute der einzige direkte Zugang zu den Inhalten der Texte geblieben, wenn man sich nicht durch Sprache der

5 Gerhard Wehr: *Esoterisches Christentum*, Stuttgart 1975, S. 186.
6 *Johannes Tauler*, herausgegeben, eingeleitet und übersetzt von Louise Gnädinger, Olten und Freiburg im Breisgau 1983, S. 21.

mittelalterlich-elsässischen Originaltexte hindurcharbeiten will. Nachdem die historische Kritik ihr Werk getan hat scheint das Interesse erloschen zu sein, das sich zuvor einseitig auf die Herkunft der Texte, nicht aber auf ihre Inhalte gerichtet hatte. Einzig Klaus Johannes Bracker hat sich in seinem Buch *Grals-Initiation* dem Thema von der Seite der Inhalte aus dem Gottesfreund vom Oberland neu zugewendet.[7] Und der Zusammenhang von Vorgängen den er jetzt vor den Augen seiner Leser entstehen lässt, verbindet nun den mystischen Inhalt mit dem Erzählinhalt einer nochmals stark erweiterten Geschichte. Neben der ersten Geschichte, die das Meisterbuch direkt erzählt, der zweiten Geschichte von dessen Entstehung, so wie sie der Begleitbrief des Gottesfreundes erzählt, und dann der Detektivgeschichte der historischen Kritik, finden wir mit Brackers Buch somit eine vierte Geschichte eröffnet. Auch sie enthält detektivische Elemente; die aber bewahrheiten jetzt nicht das Vorurteil von der Vorherrschaft niederer Motive, sondern umgekehrt weisen sie auf die verborgene Wirksamkeit höheren Sinns. Und die zeitliche Dimension, in der sich diese Geschichte abspielt, geht weit über das Mittelalter hinaus.

Bracker zieht nicht alleine die Steinerschen Aussagen aus der *Mystik im Aufgang* heran, sondern erarbeitet diverse Schriften, Vorträge und Nachschriften von esoterischen

7 Klaus J. Bracker, *Grals-Initiation. Anthroposophische Esoterik und die künftige Jesus-Offenbarung*, Stuttgart 2009.

Stunden, sowie überlieferte Äußerungen Steiners aus persönlichen Gesprächen. Die dabei Schritt für Schritt zum Vorschein kommenden Zusammenhänge werden fraglos jedem ausschließlich historisch-kritisch gesonnenen Forscher noch viel mehr als die Dokumente des Straßburger Bücherkoffers als ein Mythos erscheinen. Aber wir nehmen diese Zusammenhänge jetzt als Geschichte im beschriebenen Sinn und machen ernst damit, dass sich eine Geschichte nicht aus einzelnen Vorgängen zusammensetzt, sondern eine Logik jenseits der Ratio besitzt. Von dieser Logik aus wird sie als ein Ganzes erfahrbar, das die Dramaturgie der nacheinander aufzufassenden einzelnen Vorgänge durchdringt. Dass wir die Teile dieses Ganzen nur nacheinander auffassen, ist hier kein Manko, sondern der geschichtliche Charakter dieses Ganzen lebt darin. Indem wir uns auf diese Weise mit der Logik der Geschichte verbinden, können wir die Frage «War das wirklich so?» zurückstellen. Wir leiten deshalb aber auch nicht die historische Tatsächlichkeit aus der Logik der Geschichte ab. Indem wir die Frage der Tatsächlichkeit offen lassen, indem wir uns gegen die Versuchungen des Skeptizismus gleichermaßen wie gegen die des Dogmatismus wehren, machen wir uns frei für das Einfließen einer möglichen Antwort. Diese werden wir aber genau in dem Maße nicht als zwingend geltend machen, als sie uns existentiell angeht.

Für Rudolf Steiner ist der Gottesfreund vom Oberland einer der beiden großen Eingeweihten, die das Christentum in einer besonderen Weise befördern und begleiten und dazu seit dem Beginn unserer Zeitrechnung nahezu kontinuierlich immer wieder inkarniert sind. Der Gottesfreund gilt ihm zusammen mit Christian Rosenkreutz als maßgeblicher Inspirator der abendländisch-christlichen Theosophie, aus deren Bewegung heraus Steiner schließlich die Anthroposophie entwickelt und begründet hatte. Ja mehr noch: Mehreren persönlichen Gesprächen zu Folge, die auf voneinander unabhängigen Wegen überliefert sind, scheint Steiner in genau diesem Eingeweihten den zu identifizieren, der ihn selbst im Alter von etwa 22 Jahren in die Mysterienwelt eingeführt hatte. Steiner macht freilich zu seiner eigenen Einweihung nur sehr wenige Andeutungen. Aber er berichtet, dass er aufgefordert wurde, den Philosophen Johann Gottlieb Fichte zu lesen.

Wenn wir diese Begegnung des jungen Steiner (mutmaßlich im Jahre 1884) nun als eine Begegnung mit dem wieder inkarnierten Gottesfreund betrachten, dann beinhaltet das für uns eine neue Aufforderung, nämlich die, Fichtes zentrale Einsichten vor dem Hintergrund der mystischen Erfahrung zu lesen, um die es im Straßburger Meisterbuch geht – und umgekehrt.

Fichtes großes Thema ist das «absolute Ich». Nicht etwa unser empirisches Ich gilt ihm als absolut, sondern in unserem Bewusstsein vermitteln wir beständig zwischen unserem bedingten empirischen Ich und diesem Raum und Zeit enthobenem absoluten Ich, das der verborgene Grund unseres Bewusstseins ist. Die Vermittlung geschieht durch unsere Fähigkeit, das Unbedingte und Zeitlose mit dem Bedingten und Zeitlichen so in Beziehung zu bringen, dass beides weder vermischt, noch auseinandergerissen wird. Wir heben uns aus dem verfließenden Strom der Zeit, der nur die Gegenwart kennt, als erinnernde und erwartende Wesen heraus und stellen uns einer Welt der Dinge gegenüber. Dass wir das können, gründet in einem Akt der Unterscheidung zwischen Ich und Welt («Nicht-Ich») den wir als absolutes Ich selbst vollzogen, aber als empirisches Ich immer schon vergessen haben. Dadurch stellt sich die Aufgabe, uns selbst als empirisches und absolutes Ich immer wieder neu in Zusammenhang zu bringen und dadurch zu einem höheren Ichbewusstsein zu erwachen. Fichte nennt die Instanz dieser vermittelnden Tätigkeit in seiner frühen Schrift *Grundlage der gesammten Wissenschaftslehre* von 1796 «Einbildungskraft». Die Vermittlung zwischen unserem Alltags-Ich und jenem absoluten Ich können wir nicht einfach vorfinden oder vorstellen, sondern wir müssen sie hervorbringen, uns «einbilden». Und das was ihr auf der Seite des absoluten Ich zugrundeliegt, der Akt der Unterscheidung zwischen Ich und Welt, ist tatsächlicher als jede empirische Tatsache. Es ist eine Tatsache die dieses Ich immer wieder neu schafft und deshalb nennt sie Fichte «Tathandlung».

Die Wissenschaftslehre Fichtes und das Meisterbuch gehören ganz unterschiedlichen Zeiten und Literaturgattungen an. Wir können und dürfen sie nicht einfach gleichsetzen. Gerade deshalb ist es spannend, Fichtes Grunderfahrung als eine zeitgeschichtlich gewandelte Form jener mystischen Erfahrung zu lesen, um die es im Straßburger Meisterbuch geht. Auf diese Weise gehen wir aktiv und bewusst mit der für uns direkt und historisch ja unüberprüfbaren Aussage um, dass der Gottesfreund nicht nur den mittelalterlichen Meister initiiert hat, sondern auch Rudolf Steiner. Was uns, wenn wir es als mitgeteilte oder geoffenbarte Tatsachenwahrheit nehmen würden, passiv und autoritätshörig machen würde, wendet sich dabei in eine Verstehensleistung, die wir nicht fertig entgegennehmen können, sondern selbst erbringen müssen.

Nun dürfen wir aber auch nicht dabei stehenbleiben, dass wir Fichte und das Meisterbuch über den Graben ihrer Unterschiede hinweg in sinnhafte Beziehung bringen. Steiner selbst zieht nämlich schon 1901 in seinem Buch *Die Mystik im Aufgang* im Kapitel über Tauler nicht nur den Vergleich zwischen den mittelalterlichen Mystikern und Fichte, sondern geht sogleich noch einen Schritt weiter. Er stellt die mystische Wiedergeburt Taulers in den Horizont des Entwicklungsgedankens, der zu seiner eigenen Zeit gerade aktuell war. Damit schlägt er eine Brücke von der mystischen Wiedergeburt des einzelnen Menschen zur Evolution. Der Mensch versteht nicht nur die Evolution, an deren äußerstem Ende er sich selbst befindet, sondern er ist in diesem Verstehen der Übergang von der bewusstlosen Evolution der Natur zu deren bewusster Fortsetzung durch den Menschen. Das Aufkommen des Entwicklungsgedankens in der Naturwissenschaft am Ende des 19. Jahrhunderts ist ihm das Zeichen für den nun unmittelbar bevorstehenden neuen Evolutionsschritt. So wie der mittelalterliche Meister von einem Wissen des Göttlichen zu einem Leben in Gott übergegangen ist, so sei es jetzt Aufgabe, von einem Wissen der Evolution zu einem Hervorbringen der Evolution überzugehen, einem Hervorbringen freilich, das Steiner gleichwohl noch Erkennen nennt: «... ein Anfang eines neuen Inhalts muss seine Erkenntnis sein, nicht ein Ende des vor ihr liegenden Entwicklungsinhalts.»[8]

8 «Was man als bloß natürlicher Mensch erwirbt, das bleibt bloß natürlich, auch wenn man hinterher den Grundzug der höheren Erkenntnis in Worten ausspricht. Aus der Natur selbst heraus muss die Verwandlung vollzogen werden. Die Natur, die lebend sich bis zu einer gewissen Stufe entwickelt hat, muss durch das Leben weiterentwickelt werden; neues muss durch diese Weiterentwicklung entstehen. Nicht bloß zurückschauen auf die schon vorliegende Entwicklung darf der Mensch und das, was sich in seinem Geiste über diese Entwicklung nachbildet, als das höchste ansprechen; sondern vorschauen muss er auf Ungeschaffenes; ein Anfang eines neuen Inhalts muss seine Erkenntnis sein, nicht ein Ende des vor ihr liegenden Entwicklungsinhalts. Die Natur schreitet vom Wurm zum Säugetier, vom Säugetier zum Menschen nicht in einem begrifflichen, sondern in einem wirklichen Prozess. Der Mensch soll diesen Prozess im Geiste nicht bloß wiederholen. Die geistige Wiederholung ist nur der An-

Steiner stellt in seiner Darstellung Taulers den Übergang von mystischen Wissen zum mystischen Leben in Analogie zu einem jetzt von ihm geforderten Übergang aus dem rückblickenden Erkennen des Vorhandenen zu einem Erkennen, das nicht länger abbildet, was ist oder war, sondern seinen Gegenstand hervorbringt. Nachdem der Mensch sich im Entwicklungsgedanken des 19. Jahrhunderts zuerst von dem alten Erkennen, das nur auf zeitlos Vorhandenes gerichtet war, zur Erkenntnis von Entwicklungsprozessen erhoben hatte, gilt es nun, die eigene reale Entwicklung auf diese neue Stufe des hervorbringenden Erkennens zu erheben. Es geht ihm um eine Erkenntnisform, deren schöpferische Potenz sich nicht auf eine nachträgliche Anwendung beschränkt, sondern die in sich, vergleichbar der Tathandlung und der Einbildungskraft Fichtes, erzeugend ist.

Mehr als Entwicklung: Individuelle Geschichte

Der naturwissenschaftliche Entwicklungsgedanke hatte seinen Ursprung in einem neuen vertieften Selbstver-

fang einer neuen wirklichen Entwicklung, die aber eine geistige Wirklichkeit ist. Der Mensch erkennt dann nicht bloß, was die Natur hervorgebracht hat; er setzt die Natur fort; er setzt seine Erkenntnis in lebendiges Tun um.» Rudolf Steiner, *Die Mystik im Aufgange des neuzeitlichen Geisteslebens und ihr Verhältnis zur modernen Weltanschauung.* Dornach 1987, GA 7, S. 74.

ständnis des Menschen, in der Einsicht in die Bedeutung der Biografie für das menschliche Dasein. Wir lesen darüber in einem Beitrag Frank Teichmanns von 1989. Das erste Auftreten des Entwicklungsgedankens bei Goethe war eng mit seiner Beschäftigung mit der Lebensgeschichte Jung-Stillings und seinem eigenen Leben verbunden ferner mit dem Roman *Wilhelm Meister*.[9] Für den letzten Schritt in unserer Betrachtung des *Gottesfreundes vom Oberland* ist aber nun wichtig wahrzunehmen, dass das Potenzial, das in dem Phänomen Biografie enthalten ist, sich in dem von Teichmann beschriebenen Entwicklungsgedanken noch gar nicht erschöpft. Sicherlich wird Entwicklung in Biografien erstmals beobachtbar – aber ist nicht eine Biografie noch viel mehr und anderes als ein Entwicklungsprozess? Heute beginnt gerade eine weitere Bewusstseinsentwicklung, die vergleichbar mit der ist, die sich im 19. Jh. und zu Beginn des 20. Jhs. im Hinblick auf den Entwicklungsgedanken vollzogen hatte. Die Bedeutung, die vor hundert Jahren dem Entwicklungsgedanken zukam, die kommt heute dem neuen Verständnis dessen zu, was eigentlich Zeit ist. Vom Menschen her gedacht, ist Zeit nicht primär durch die räumliche Bewegung und somit physikalisch zu begreifen, sondern geschichtlich. So heißt es beispielsweise bei dem Philosophen Martin Hei-

9 Vgl. Frank Teichmann: Die Entstehung des Entwicklungsgedankens in der Goethezeit, in: Wolfgang Arnold (Hrsg.), *Entwicklung. Interdisziplinäre Aspekte zur Evolutionsfrage*, Stuttgart 1989.

degger schon 1928: «Das Dasein (= der Mensch zwischen Geburt und Tod, J.E.) füllt nicht erst durch die Phasen seiner Momentanwirklichkeiten eine irgendwie vorhandene Bahn und Strecke ‹des Lebens› auf, sondern erstreckt sich selbst dergestalt, dass im vorhinein sein eigenes Sein als Erstreckung konstituiert ist. Im Sein des Daseins liegt schon das ‹Zwischen› mit Bezug auf Geburt und Tod. Keineswegs dagegen ‹ist› das Dasein in einem Zeitpunkt wirklich und außerdem noch von dem Nichtwirklichen seiner Geburt und seines Todes ‹umgeben›. Existenzial verstanden ist die Geburt nicht und nie ein Vergangenes im Sinne des Nichtmehrvorhandenen, so wenig wie dem Tod die Seinsart des noch nicht vorhandenen, aber ankommenden Ausstandes eignet.»[10] Und der schon genannte Philosoph Paul Ricoeur schreibt 1983: «Die Zeit wird in dem Maße zur menschlichen, wie sie narrativ [d. h. als Erzählung, J. E.] artikuliert wird; umgekehrt ist die Erzählung in dem Maße bedeutungsvoll, in dem sie die Züge der Zeiterfahrung trägt.»[11]

Es geht also auch im Blick auf die Erzählung nicht um rückblickende Erkenntnis dessen, was war. Es geht mit der Erzählung und der Geschichte nicht um Historie, es geht nicht primär um Vergangenes, sondern es geht jetzt um die geistige Auffassung eines neuen Urphänomens: Das menschliche Leben ist nicht die Summe aller einzelnen

10 Martin Heidegger: *Sein und Zeit*, Tübingen 1979, S. 374.

11 Paul Ricoeur: *Zeit und Erzählung* 2. Aufl. 2007 S. 13.

Geschehnisse, kein erklärbares Ursache-Wirkungs-Geschehen, und es ist auch mehr als ein Entwicklungsprozess. Bei einer Entwicklung gibt es Sackgassen und Umwege, aber die gehören nicht in deren Wesen, bei einer Geschichte aber gibt es besondere Umstände und Widerfahrnisse, die wesenhaft dazugehören. Deshalb ist eine Geschichte mehr als die Erscheinung eines zeitlos Wesenhaften; sie ist die Spur eines Wesens, das sich inkarniert hat.

Dennoch gehen unsere Biografien nicht im Vordergründigen des dramatischen oder epischen Geschehens auf. Um darüber hinaus zu gelangen, müssen wir den Blick nochmals weiten, ihn nämlich nicht nur auf den unmittelbar sichtbaren Helden des Lebens richten, sondern dessen empirisches Dasein mit einem Dasein höherer Ordnung vermitteln. Wir suchen jetzt den Menschen gleichzeitig als Helden wie auch als Autor seines Lebens zu erkennen. Was Fichte Einbildungskraft nannte, die das höhere Ich mit dem empirischen Ich zu vermitteln hat, das wird uns zum Menschen als dem Erzähler, der zwischen sich selbst als dem Autor und dem Helden seiner Geschichte vermittelt. Auch hier wartet eine «mystische» Erfahrung: Unser Eintritt in ein neues Selbstverhältnis.

Der Autor einer Biografie ist in diesem neuen Sinn nicht sein Biograf, sondern der Mensch selbst als derjenige, der in diesem Leben nicht entstanden ist, sondern sich inkarniert hat. Wir müssen jetzt in dem Paradox aushalten, dass das vorblickende Erkennen dieses Autors weder ein Hervorbringen noch ein Planen ist. Der Mensch als der Held seines Lebens ist umgekehrt ja auch nicht nur der Schauspieler, der eine fertige Rolle lernt, um sie dann zu interpretieren. Genauso wenig wie die Evolution ist die Lebensgeschichte eines Menschen präfiguriert. So wie bei einem guten literarischen Autor der Held an der Geschichte mitschreibt, so schreibt auch der Mensch als der Held seines Lebens an der Geschichte mit, die er selbst als deren Autor entworfen hat.

Wir stehen also wiederum vor der Aufgabe, ein empirisches Ich und ein höheres Ich zu vermitteln, also vor einer Aufgabe vergleichbar derjenigen, die Fichte als Aufgabe der Einbildungskraft dargestellt hat. Aber jetzt sind die beiden Instanzen näher zusammengerückt, denn es handelt sich nicht länger um ein überpersönliches absolutes Ich auf der einen Seite und ein empirisches Ich auf der anderen, sondern um das, was Rudolf Steiner das «eigentliche individuelle Ich» nennt.[12]

Nach dem Essen vom Baum der Erkenntnis ist dieses eigentliche individuelle Ich zunächst in der geistigen Welt zurückgehalten worden. Nach dem Mysterium von Golgatha tritt es schrittweise für immer mehr Menschen als der Autor ihrer Lebensgeschichte ins Dasein und die Fol-

12 «Das eigentliche individuelle Ich wurde … so losgelöst vom bloßen Erden-Ich, dass der Mensch sich während des Erdenlebens allerdings nur teilweise als eigenes Ich fühlte.» Vgl. Rudolf Steiner: *Die Geheimwissenschaft im Umriss*, GA 13, Dornach 1989, S. 251.

ge ist, dass die Menschen sich individualisieren. Jetzt erst gibt es individuelle Lebensgeschichten, weil es jetzt erst den Menschen als Beziehung zwischen dem Autor und dem Helden seines Lebens gibt. Das Band, das die Inkarnationen miteinander verbindet, wird zu einem Epos, zu einer Folge zusammengehörender Geschichten.[13]

Der Autor des Meisterbuches

Dem direkten Sinn der Straßburger Textzeugnisse zu Folge haben der Meister und der Gottesfreund beide an dem Meisterbuch geschrieben. Dem Wortlaut des Begleitbriefes entsprechend sind sie also beide gemeinsam die Autoren der Geschichte. Die historische Kritik versucht das zu überprüfen und vom unmittelbaren Wortlaut zu einer gesteigerten Erkenntnis überzugehen. Wir bleiben jetzt ebenfalls nicht beim unmittelbaren Wortlaut stehen, lassen die Entscheidung über die Richtigkeit dieser Aussagen aber gänzlich offen und verwandeln statt dessen die Frage. Wenn wir unter Geschichte den geschriebenen

13 «Aus dem Glauben an die ewige Wandelung der Seele wurde der persönliche Unsterblichkeitsglaube. Eine unendliche Wichtigkeit erhielt ja diese Persönlichkeit, weil sie das einzige war, was man am Menschen festhielt. – Es gibt fortan nichts mehr zwischen der Persönlichkeit und dem unendlichen Gott. Man muss sich zu ihm in ein unmittelbares Verhältnis setzen.» *Das Christentum als mystische Tatsache*, GA 8, Dornach 1989, S. 151.

Text verstehen, dann gibt es die genannten Antworten auf die Frage nach der Autorschaft. Aber wenn wir unter Geschichte jetzt nicht die rückblickend erzählte Historie verstehen, sondern die reale Geschichte, die sich – möglicherweise – ereignet hat, dann zielt die Frage nach dem «Autor» der Geschichte ja wie gerade dargestellt in eine ganz andere Richtung. Wer ist der, der hinter der besonderen «Logik» dieser Geschichte steht, hinter jener Logik, von der wir anfangs gesprochen haben, hinter jener Logik, die diese Geschichte begründet?

Wer in Rudolf Steiners Vorträgen über das Lukasevangelium und denen über das Matthäusevangelium von der Geschichte der salomonischen Jesus-Wesenheit nach der Jordantaufe liest, der wird dem Rätsel vom Autor des Straßburger Meisterbuches noch einen großen Schritt nähergekommen sein und dessen enge Verbindung mit der Menschwerdung des Logos und der Wesenheit des salomonischen Jesus zu ahnen beginnen. Der Gottesfreund vom Oberland gehört – als Autor seines Lebens genommen – in die gesamte große Geschichte der Menschheit hinein. Er ist die salomonische Jesus-Wesenheit, deren Geburtsgeschichte und Weg zum Jordan das Matthäus-Evangelium überliefert. Den Autor dieses Lebens finden wir nach Steiner nun auch in der sagenhaften Gestalt des persischen Zarathustra wieder. Er ist es, der sich zu Beginn unserer Zeitrechnung als der salomonische Jesus inkarniert, mit der unschuldig gebliebenen paradiesischen Menschheitsseele des nathanischen Jesus verbindet, um am Jordan für den Logos Platz zu machen, der sich zu inkarnieren beginnt, um als wahrer Mensch und Gott durch Tod und Auferstehung hindurch zu gehen. Als Begleiter und Helfer auf dem Weg des Christentums wirkt der Autor des Gottesfreund-Lebens, dem Steiner den Namen «Meister Jesus» gibt.[14]

Der Autor des Zarathustra-Lebens konnte als Stellvertreter aller Menschen handeln, weil er eine menschheitlich herausragende Entwicklung durchlaufen hatte. Es wird nie mehr erforderlich sein, dass ein Mensch seine Leibeshüllen der Christuswesenheit zur Verfügung stellt, so wie damals am Jordan. Aber so wie dieser werden auch wir uns mit der nathanischen Menschheitsseele verbinden, wenn Christus in uns heutige Menschen einzieht. Der menscheitliche Christus tritt dabei nicht an die Stelle unseres individuellen Ich, sondern er verbindet sich mit uns und hält in uns jenen Platz frei und schützt ihn, den wir erst schrittweise als individueller Autor unseres Lebens einzunehmen beginnen. Die in der mittelalterlichen Mystik noch so stark betonte Aufgabe der Selbstpreisgabe gilt deshalb heute alleine unserem Ego, nicht uns selbst als

14 «Er ist der Inspirator derjenigen, welche das sich lebendig entwickelnde Christentum verstehen wollen; er hat innerhalb der esoterischen Schulen diejenigen inspiriert, welche die Lehren des Christentums fortdauernd zu pflegen hatten. Hinter den großen geistigen Gestalten des Christentums steht er, immerdar lehrend, was eigentlich das große Ereignis von Palästina bedeutet.» Rudolf Steiner: *Das Lukas-Evangelium*, GA 114, Dornach 2001, S. 137.

der individuellen Dreieinheit von Autor, Held und Erzähler unseres Lebens. So lese ich vor dem Hintergrund der durch Steiner eröffneten Menschheitsgeschichte heute das Straßburger Meisterbuch, in dem sich Mystik und individuelle Lebensgeschichte verflechten.